思索
사색은 나라를 생각하고(思) 나를 찾자(索)라는 뜻이다

빛 힘 숨

십자가 부활 승천

김흥호 사상 전집 · 성경강해 1

빛 힘 숨

십자가 부활 승천

요한복음 강해

제2권

요한 5~8장

1993년 9~12월

김흥호

사색

빛 힘 숨

복음은 기쁜 소식이다.
기쁜 소식이란 내가 죄에 죽고
하나님의 아들로 태어나서
영원한 생명을 얻는다는 것이다.

죄에 죽는 것이 십자가요
하나님의 아들이 되는 것이 부활이요
영원히 사는 것이 승천이다.

하나님을 아는 것이 죄에 죽는 십자가요
그리스도를 아는 것이 하나님의 아들인 부활이요
성령을 아는 것이 영원을 사는 승천이다.
하나님은 십자가요, 그리스도는 부활이요, 성령은 영생이다.

내가 그리스도와 함께 십자가에 못 박혀 죽었으니
이제는 내가 사는 것이 아니라
그리스도가 내 안에 산다(갈 2:20).
내가 십자가에 못 박혀 죽어 죄가 사라지고
그리스도가 내 안에 살아 부활했으니
하나님의 아들이 된 것이다.
그리하여 성령의 도움으로 살아서도 살고
죽어서도 사니(요 11:25) 영원한 생명이다.

죄가 없어지는 것이 십자가요
하나님의 아들 되는 것이 부활이요
영원을 사는 것이 승천이다.

하나님의 빛(십자가)으로 죄가 사라지고
그리스도의 힘(부활)으로 하나님의 아들이 되고
성령의 숨(승천)으로 영원히 살게 된다.
이것을 빛, 힘, 숨이라고 한다.

본질직관, 하나님을 만남으로 죄가 사라지고(십자가)
근본경험, 그리스도를 만남으로 하나님의 아들이 된다(부활).
인간구원, 성령을 만남으로 영원한 생명이 된다(승천).

본질직관: 빛
근본경험: 힘
인간구원: 숨

빛 힘 숨: 십자가 부활 승천

2010년 9월 10일

머리말

바울은 율법이 아니고 믿음이라고 강조한다. 자력自力이 아니고 타력他力이라는 것이다.

바울은 율법을 무시하는 기독교인을 반역자로 생각하여 그들을 벌주기로 하고 스데반을 때려죽일 때 앞장을 선다.

그리고 기독교인의 중심 안디옥으로 내려가다가 다메섹에서 그리스도를 만난다. 본질직관本質直觀이다. 사흘 동안 눈을 잃었던 바울은 아나니아의 도움으로 눈을 뜨고 근본경험을 하게 된다. 그리스도의 노예가 되어 빛을 얻고, 사도가 되어 힘을 얻고, 복음 전도자가 되어 숨(생명)을 얻게 된다.

이리하여 바울은 믿음으로 살게 된다. 믿음이란 순 타력을 뜻한다. 내가 이제 그리스도와 함께 십자가에 못 박혀 죽었으니 내가 사는 것은 내 안에 부활한 그리스도를 믿는 믿음으로 살게 된다(갈 2:20)는 것이다. 자기 힘이 아니고 순전히 그리스도의 힘으로 살게 된다. 바울은 이것을 믿음이라 하고, 우리는 그것을 근본경험이라고 한다. 누구든지 그리스도 안에 있으면 새로운 피조물이라. 이전 것은 지나가고 새것이 되었다(고후 5:17). 요한은 이것을 중생重生이라고 하고, 요한복음 11장 25절에는 부활이라고 한다.

계란이 어미닭 품안에서 깨어나 병아리가 되어 눈을 뜨고(요 1:1), 일어서고(요 1:14), 날아간다(요 1:18). 요한은 어미닭을 만나(본질직관) 눈을 뜨고 일어서고 날아가는 것을 근본경험이라고 한다. 바울이나 요한이나 모두 4차원의 세계다. 그런 의미에서 요한은 바울의 후계자임에 틀림이 없다.

동양에서는 4차원의 세계를 각覺 눈을 뜨고, 도道 일어서고, 인仁 날아간다고 한다. 화엄華嚴에서는 "일도출생사一道出生死 일체무애인一切無碍人"이라고 한다. 요는 '생멸멸이生滅滅而 적멸위락寂滅爲樂'이 되어야 한다.

물속에 머리를 집어넣으면 붕 뜬다. 그러면 어디나 갈 수 있다. 요는 붕 뜨는 것이다. 생멸이 없어지는 것이다. 요새는 이것을 현존재라고 한다. 달처럼 하늘에 떠오르는 것이다. 달처럼 3

일 만에 부활하고, 보름 만에 생명(만월滿月)이 되어야 한다.

결국 동양 종교와 기독교의 차이는 자력自力과 타력他力의 차이다. 바울은 그리스도를 만나고, 요한은 어미닭을 만나야 병아리가 된다. 동양은 고행을 통하고, 기독교는 믿음을 통한다. 자력과 타력의 차이다. 고행은 들어가기는 쉬우나 깨닫기가 어렵고, 믿음은 들어가기가 어려운데 깨닫기는 쉽다.

때는 인간들의 탐욕으로 지구가 멸망에 빠져들어 가고 있다. 열대에 눈이 오고, 남극에는 얼음이 녹아가고 있다. 인류는 하나가 되어 지구를 살려내야 한다. 자아를 넘어서 무아無我가 되었다가 대아大我가 되어야 한다. 자력과 타력이 하나가 되어야 인류를 살리고 지구를 살려낼 수 있다. 그래야 사람도 살고, 자연도 산다.

오늘도 달은 햇빛을 받아 지구를 밝히고 있다. 이것을 요한은 길이요(월月), 진리요(태양太陽), 생명(지구地球)이라고 한다. 회광반조廻光返照요 4차원四次元의 세계다.

2010년 2월 25일

김흥호

요한복음 강해 서문

요한복음은 유영모 선생님께서 참 좋아하신 복음이다. 본래 마태복음은 유대 사람, 마가복음은 희랍 사람, 누가복음은 로마 사람, 요한복음은 동양 사람을 위해서 써졌다고 한다. 요한복음이 동양 사람을 위해서 써졌다는 것은 동양은 믿음을 강조할 만큼 신관神觀이 발달되지 않았다는 것을 말한다. 동양에는 하나님이 모세에게 나타났다든가, 예수에게 나타났다든가 그런 것이 없다.

공자는 오십에 지천명知天命이라 하고, 석가도 법의 등불을 강조한다. 모두 지知를 깨친 사람들이다.

요한은 17장에 하나님을 알고 그리스도를 아는 것이 영원한 생명이라고 한다. 나는 하나님을 아는 것을 본질직관本質直觀이라 하고, 그리스도를 아는 것을 근본경험根本經驗이라고 한다. 본질직관은 4차원에 들어가는 길이요, 근본경험은 4차원을 체득하는 모습이다.

본질직관을 통해서 시간이 제단際斷 되고, 근본경험을 통해서 공간이 충만 된다. 시간이 무한하고 공간이 허무한 것이 아니다. 시간은 제단되어 유한해지고, 공간은 충만하여 실존이 된다. 끝없는 윤회는 끊어지고(생멸멸이生滅滅而), 깨달음의 기쁨은 충만하게 된다(적멸위락寂滅爲樂).

노자도 본질직관을 주장하고(상무욕이관기묘常無欲而觀其妙), 장자도 근본경험을 주장한다(대종사大宗師, 덕충부德充符, 소요유逍遙遊). 통일과 독립과 자유다.

바울은 본질직관을 새 사람이 되는 것이라고 하며(고후 5:17) 직관 전과 후는 시간제단으로 상상할 수도 없이 달라진다고 하였다. 죄인이 의인이 되고 만 것이다. 그리고 시간제단 후에는 공간충만이 찾아온다. 하나님을 알게 되고, 그리스도를 알게 되고, 성령을 알게 된다.

공자는 30에 하나님을 알게 되고(30입三十立), 40에 그리스도를 알게 되고(40이불혹四十而不惑), 50에 성령을 알게 되어(50이지천명五十而知天命), 60에는 귀가 뚫리고, 70에는 마음대로 해도 진리를 벗어나지 않는 종심소욕불유구從心所慾不踰矩의 자유인이 된다. 이리하여 공자는 인격이 통일되고 독립하고 자유를 얻어 진짜 인격자(인仁)가 된다.

공자, 석가, 노자는 2,500년 전에 4차원을 산 사람들이다. 모두 고행을 통한 사람들이다. 지를 통한 4차원의 길은 험난한 천난만고千難萬苦의 길이다. 대중들이 가기에는 너무도 좁다. 그래서 하나님께서는 유대인을 시켜서 기적의 넓은 길을 마련하였다. 그들은 맨발로 홍해를 건너가고, 하나님의 아들 그리스도는 십자가의 고난을 혼자 지고 속죄의 길을 걸어갔다. 누구든지 저를 믿으면 멸망하지 않고 영생을 얻는다(요 3:16)고 한다. 그러면서 요한복음 17장 3절에는 하나님을 알고 그리스도를 아는 것이 영원한 생명이라고 지혜의 고행 길도 남겨 두었다.

유영모 선생께서는 요한 17장을 다 따로 외우셨다. 몇 번이고 몇 번이고 따로 외우면서 스스로 고행 길을 걸어가셨다. 그는 인천도 걸어가고, 개성도 걸어가고, 서울 안에서는 차를 타지 않으셨다. 보름동안 단식하고도 YMCA까지 걸어 오셨다. 단식인전생심소斷食人前生心消하기 위해서다. 그런데 유영모 선생께도 하나님의 사랑이 나타났다. 그가 52세 되는 정월 초이틀에 하나님의 계시를 받게 된다. 그는 기쁨에 넘쳐 38년 만에 믿음에 들어간 이의 노래를 부르게 되었다. 그는 공자나 노자나 석가보다도 그리스도를 더 따르게 되었다. 그리스도만이 주님임을 주장하게 된 것이다. 45년간 YMCA에서의 그의 성경 강의는 기쁨에 찬 것이었다. 그는 둥실둥실 춤을 추면서 강의한 때도 있었다.

선생님 밑에서 6년을 보낸 나에게도 하나님께서 나타나신 때가 있었다. 35세 3월 17일 오전 9시 5분이다. 나는 초의식 속에서 하나님의 말씀을 듣게 되었다.

단단무위자연성 斷斷無爲自然聲
즉심여구토성불 卽心如龜兎成佛
삼위부활영일체 三位復活靈一體
천원지방중용인 天圓地方中庸仁

나도 하나님의 아들임을 알게 되었다. 네 번이나 사경死境을 헤매던 몸도 다시 건강을 회복하게 되었다. 나알(지知) 알나(유癒). 건강한 정신과 건강한 육신을 갖게 되었다. 그 후 50년 한없이 행복한 시대가 계속된다. 기쁨(학이시습지學而時習之 불역열호不亦說乎)과 즐거움(유붕자원방래有朋自遠方來 불역낙호不亦樂乎)의 하루살이다. 시간제단時間際斷이요 공간충만空間充滿이다. 시간은 하루로 끊어지고, 마음은 말씀으로 가득 찬다. 오십년 동안 허이불굴虛而不屈 동이유출動而遊出, 말을 전하는 것이 아니다. 기쁨을 전하는 것이다.

바울이, 내가 내 피로 관제를 드릴지라도 나는 기뻐하고 기뻐한다(빌 2:17)고 하듯이 복음은 기쁨이 되고 만다. 태초에 기쁨이 있었다. 기쁨이 육신이 되어 우리 가운데 거하니 우리가 그 영광을 보니 독생자의 영광이요, 은혜와 진리가 충만하다(요 1:14).

믿음이란 기쁨을 사는 것이다. 그러기 위해서는 건강한 정신과 건강한 육신(롬 8:11)을 가져야 한다. 건강한 정신은 시간제단이요, 건강한 육신은 공간충만이다. 하나님을 아는 것이 시간제단(고후 5:17)이요, 새로운 피조물이요, 그리스도를 아는 것이 공간충만이다. 내가 사는 것이 아니라 그리스도가 내 안에 산다(갈 2:20). 그리스도만 아니라 하나님도 성령도 내 안에 산다.

하나님의 도움으로 나는 우주관, 세계관, 인생관을 얻게 되었고, 그리스도의 도움으로 일식一食 일좌一坐 일인一仁 일언一言을 통하여 탐진치위貪瞋痴僞의 죄의 뿌리를 뽑아내게 되었다. 그리고 성령의 도움으로 『사색』 144호까지 끝내게 되었다. '빛 힘 숨(통일 독립 자유)'을 살게 되는 것이 근본경험이다. 본질직관은 하나님을 아는 것이고, 근본경험은 그리스도를 아는 것이다. 그것이 영원한 생명에 들어가는 길이다.

양명은 차심광명此心光明 역부하언亦復何言이라 하고, 그리스도는 그때 의인들은 아버지나라에서 해와 같이 빛나리라(마 13:43)고 한다. 모두 영원한 생명을 노래한 것이다. 본질직관과 근본경험은 4차원의 핵심이다. 광속으로 달려야 본질직관이요, 시간공간이 곱해져야 근본경험이다. 우주 밖에서 일어나는 일들이 우리 마음속에서 일어나게 된다. 그것이 영원한 생명이다. 영원한 생명은 먼데 있는 것이 아니다. 내 안에 있다. 건강한 정신과 건강한 육신이다. 나알알나, 나를 알면(정신) 앓다 낫는다(육체). 하나님을 아는 것이 건강한 정신이요, 그리스도를 아는 것이 건강한 육체이다. 하나님을 아는 것이 본질직관이고, 그리스도를 아는 것이 근본경험이다. 내가 있어서 경험이 있는 것이 아니라 경험이 있어서 내가 있다는 것이다. 본질직관 근본경험 때문에 유영모도 있게 되고, 나도 있게 된다.

이 나는 욕심을 벗어나고, 죄를 벗어나고, 죽음을 벗어났기에 영원한 생명이라고 한다. 물론 육체가 안 죽는다는 것은 아니다. 육체는 시간제단이니 때가 되면 죽는다. 그러나 우리의 영체는 공간충만이니 생멸生滅을 벗어나서 적멸위락寂滅爲樂이다. 눈을 감았을 때는 세상이 지옥이었는데 눈을 뜨니(적멸) 세상이 천국이란 말이다. 진리를 깨달으니, 말씀이 육신이 되니, 진리를 체득하니, 기쁨이 충만하다는 것이다. 눈을 뜨니 천국이다. 눈을 감으면 지옥이다. 요한은 계시록을 쓸 만큼 눈뜬 사람이었던 것 같다.

요한복음에서, 하나님을 알고 그리스도를 안다(17:3), 빛이 있을 동안 빛을 믿어라, 그리하면 빛의 아들이 될 것이다(12:36), 나를 본 자는 아버지를 보았다(본질직관)(14:9), 나는 길이요 진리요 생명이다(근본경험)(14:6), 살리는 것은 영이니 내가 너희에게 이른 말이 영이요 생명이다(6:63), 내 살을 먹고 내 피를 마시는 자는 영원히 살리라(6:54)의 구절들은 모두 4차원의 세계다. 시간이 절단되고, 공간이 충만한 세계다.

기독교에서는 성만찬이 예수의 살을 먹고, 예수의 피를 마시는 것이라 생각하고 가톨릭에서는 미사를 드린다고 한다. 그러나 선禪에서는 일식일좌 고행을 통해서 진리를 깨달으려고 한다. 선에서는 일식일좌를 진리를 깨닫는 길로 생각한다. 기독교에서는 내 살과 내 피를 예수의 살과 피로 해석하여 십자가의 공로로 구원받는다고 생각하지만 선에서는 자기 살과 자기 피를 먹음으로 진리를 깨닫고 생명을 얻으려고 한다. 요는 살을 먹고 피를 마시는 것이 진리와 생명이란 말이다.

하나님은 영이시니 신령과 진리로 예배해야 한다고 한다(요 4:24). 예배는 하나님의 말씀(진리)을 깨달아서 나오는 기쁨을 전하는 것이고, 교인들은 기쁨을 받아 즐거움에 넘치는 것이 예배다. 그것이 신령과 진정으로 드리는 예배다. 신령은 기쁨이고, 진정은 즐거움이다. 성만찬도 떡 한 조각, 포도주 한 모금이 아니다. 기쁨(진리)과 즐거움(생명)의 충만이다. 이것이 하나님을 알고 그리스도를 아는 것이다.

하나님이 일하시니 나도 일한다(요 5:17). 기쁨을 전하는 것이 우리의 일이다. 태초에 기쁨이 계셨다(요 1:1). 기쁨이 육신이 되어 우리 가운데 계셨다(요 1:14). 기쁨의 독생자가 하나님의 기쁨을 나타내셨다(요 1:18). 요한복음은 기쁨의 복음이요, 특히 동양 사람이 알기 쉬운 복음이요, 기쁜 소식이다.

2010년 6월 1일

차 례

부록 1

부록 2

일러두기

1. 요한복음 강해 『빛 힘 숨: 십자가 부활 승천』은 5권의 책으로 나누어져 있으며, 21장 81절로 구성되어 있다. 21장은 요한복음의 21장이며, 81절은 81회의 강의를 말한다.

2. 이 요한복음 강해는 김흥호 선생님께서 1993년 3월 7일부터 1995년 6월 25일까지 이화여대 대학교회 연경반에서 매주 일요일 강의하신 것으로 총 2년 반, 다섯 학기 동안 81회에 걸쳐 강의하신 것이다. 학기 별로 나누어 책 5권으로 만들었다.

3. 책의 제목과 부제는 김흥호 선생님께서 지으셨고 표지의 제목도 직접 써 주셨다. 머리말 앞에 책 제목 "빛 힘 숨"에 대한 저자의 해설이 있다.

4. 연경반에서 김흥호 선생님의 성경강해는 동양고전을 먼저 한 시간 강의 하신 후에 약 10분 휴식을 갖고, 그다음에 시작되었다. 이때 하신 동양고전 강의는 왕양명의 『전습록』이었다.

5. 성경 강의는 먼저 찬송가를 부르고, 김흥호 선생님께서 기도를 하셨다. 그 기도문을 각 강의의 앞 페이지에 두었다. 끝날 때는 주기도문으로 마쳤는데 책에서는 생략하였다.

6. 당시 강의에서 성경 교재로는 고병려의 『요한 문학』(약주/신약성서 시리즈, 종울림 신학 총서 4, 서울: 종로서적, 1987)에 있는 요한복음 번역을 사용하셨다. 그러나 이 강의를 녹취 편집하는 과정에서 성경 교재를 생명의 말씀사의 『성경전서』(개역개정판 2001년 대한성서공회의 판본)로 대체하였다. 그러나 강의 중에 나온 고병려의 번역은 그대로 두었다. 그러한 부분들은 각주로써 표시하였다.

7. 이 글은 원래 강의한 것을 녹취하여 만든 원고로서 구어체 문장들로 이루어져 있다. 선생님께서 고유하게 쓰시는 어투나, 용어 등은 선생님의 말씀을 생생하게 느낄 수 있도록 되도록 고치지 않았다. 따라서 문장의 흐름에 따라 이해를 돕기 위해 쉼표를 예외적으로 많이 사용하게 되었다.

8. 성경을 비롯하여 경전의 제목에는 제목을 표시하는 꺾음 괄호 등을 사용하지 않았다.

9. 인물이나 저서에 관한 소개, 성경의 구절이 필요한 경우에는 편집자의 주로써 보충하였다.

10. 본서의 편집양식은 사색출판사에서 출간된 김흥호 선생님의 『주역 강해』, 『화엄경 강해』 등의 양식을 따랐다.

11. 요한복음 강해의 녹음은 배태승 선생과 고 이충국 선생에 의한 것이다.

12. 요한복음 1장에서 15장까지의 녹취와 문장 정리는 고 이충국 선생이 하였고, 당시에 변정자 선생이 부분적으로 도와주었다.

13. 16장부터 21장까지의 녹음 테이프는 김희수 목사로부터 받아서 나머지 원고를 완성하게 되었다. 16장부터 21장까지의 녹취는 김종래 선생이 해주었다.

14. 전체 편집과 교열 및 각 장, 절의 제목을 지은 것은 이경희, 임우식 편집자가 했고, 인쇄 교정은 임경숙 선생이 도와주었다.

제 5 장

깨달음(견성 見性)

기 도

감사하신 하나님,
긴 여름 동안 저희들이 흩어져 있다가
또 다시 건강한 모습으로 아버지 앞에 나와서
하나님의 말씀을 다시 생각할 수 있는
아름다운 시간을 주신 데 대해
진심으로 감사드립니다.

앞으로 또 한 학기동안
열심히 배우고 생각하고 이해해서
진리의 기쁨을 맛볼 수 있는
저희들이 될 수 있도록 도와주시고
진리 외에는 아무런 기쁨이 없다는 것을
우리가 깊이 느낄 수 있도록
인도하여 주시옵소서.

앞으로 한 학기 동안에도
성령께서 저희들과 같이 하셔서
언제나 저희들을 돕게 하시고
당신의 빛만을 비추일 수 있는,
그런 아름다운 시간 가질 수 있도록
당신께서 도와주시옵소서.

예수님의 이름 받들어 기도 드리옵나이다.
아멘.

17. '본다'는 것: 견성見性의 필요성

1993년 9월 5일

요한 5:16~30

그러므로 안식일에 이러한 일을 행하신다 하여
유대인들이 예수를 박해하게 된지라.

요전 시간에 나온 안식일에 병자를 고쳐 준 것으로 인해 예수를 박해하기 시작했는데, 칭찬은 못할망정 박해를 한다는 것은 우리의 상식으로는 이해하기 힘들다.

예수께서 그들에게 이르시되
내 아버지께서 이제까지 일하시니 나도 일한다 하시매,

유대 사람들은, 하나님께서 이 우주를 엿새 동안에 창조하고 하루는 쉬었다, 그렇기 때문에 자기네들은 안식일을 지킨다고 생각했는데, 예수께서는 하나님께서 엿새 동안 우주를 창조하고 안식일에도 쉰 일이 없다, 라는 것이다. 하나님께서 쉬면 이 우주가 다 엉망이 되지 않겠는가. 하나님이 쉬지 않으니까 이 우주가 돌아가고 있지, 쉰다면 이 우주가 제대로 운행이 되겠는가라고 생각하는 것이다. 다시 말해서 근본적으로 안식일에 대해 부정하는 것이다. 그래서 하나님은 안식일이 없고 계속 일하시기 때문에 나도 또한 계속 일한다, 라고 말하는 것이다. 그 말이 그 당시에는 유대인들에게 획기적인 발언이었다.

유대인들이 이로 말미암아 더욱 예수를 죽이고자 하니
이는 안식일을 범할 뿐만 아니라,

예수는 안식일 같은 것은 문제 삼지도 않았다는 말이다.

하나님을 자기의 친 아버지라 하여
자기를 하나님과 동등으로 삼으심이러라.

예수는 하나님을 아버지라고 했다. 그전까지는 하나님을 아버지라고 한 사람이 없었는데, 예수는 하나님을 아버지라고 한 것이다. 구약에 보면 "이스라엘 민족이 하나님의 딸이다"라는 사상은 있다. 하나님은 자기네 민족의 아버지다, 라는 사상은 갖고 있었다. 그러나 한 사람 개인의 아버지다, 라는 생각은 아직 갖지 못할 때이다. 그런데 예수께서는 예수님 개인의 아버지다, 라고 말한 것이다. 이것이 결국은 민족적인 종교가 세계적인 종교로 확대되는 이유가 된다. 그래서 유대교는 민족 종교가 되고, 기독교는 세계 종교가 되는 것이다. "아들의 인격과 아버지의 인격이 같다"라는 것이 소위 425년 니케아 종교회의에서 "하나님과 그리스도는 동질이다"라고 하는 '호모 우시아스(One substance)'의 내용이다. 이것 때문에 또 큰 종교싸움이 벌어지게 된다. 그래서 결국 아리우스는 이단이 되고, 아타나시우스가 정통이 된다.

"유대인들이 이로 말미암아 더욱 예수를 죽이고자 하니" 예수를 죽이기로 한 이유가 자신을 하나님의 아들이라고 하는 것 때문이다. 소크라테스도 똑 같다. 소크라테스도 하나님의 아들이라고 한다는 이유로 희랍 사람들이 죽였다. 예수도 하나님의 아들이라고 한다는 것 때문에 유대 사람들이 죽이게 된다. 어떻게 이렇게 두 성인聖人이 다 똑 같은 이유로 죽임을 당하게 되는 것인지 알 수가 없다. 소크라테스도 예수도 죽임을 당했는데 그 이유는 단 한 가지, 하나님의 아들이라고 하는 것 때문이다.

그러므로 예수께서 그들에게 이르시되
내가 진실로 진실로 너희에게 이르노니
아들이 아버지께서 하시는 일을 보지 않고는
아무것도 스스로 할 수 없나니
아버지께서 행하시는 그것을
아들도 그와 같이 행하느니라.

예수는 하나님 아버지께서 하는 일을 보고서 그대로 행한다, 라고 했는데 소크라테스는 하나님의 말을 듣고 행한다, 라고 했다. 그것이 다른 점이다.

플라톤의 이상국가를 보면 소크라테스는 하나님의 말을 들었다, 라고 되어 있다. 한참 길을 가다가도 멈칫 서서 무엇인가 집중해서 듣곤 했다. 그러면 같이 동행하던 사람들은 그를 그대로 두고 그냥 가야만 했다. 몇 시간을 꼼짝 않고 서 있다가 소크라테스는 다시 움직이기 시작했다. 군대에 나갔을 때에도, 소크라테스는 세 번을 군대에 나갔는데, 아침 일찍 해가 뜨기 시작할 때 동편을 향해 눈을 감고 꼼짝도 않고 서 있는 모습을 친구들이 보게 되었는데, 그다음 날 아침 해가 떠오를 때까지 그 자리에서 움직이지 않고 계속 서 있었다고 한다. 소크라테스가 그렇게 서 있을 때가 하나님의 말을 듣는 시간이다.

그런데 예수는 하나님이 하는 일을 보고서 그대로 행한다, 라고 되어 있다. 그러니까 한 사람은 들은 사람이고, 또 한 사람은 본 사람이란 것이다.

아버지께서 아들을 사랑하사
자기가 행하시는 것을 다 아들에게 보이시고
또 그보다 더 큰 일을 보이사
너희로 놀랍게 여기게 하시리라.

그러니까 하나님께서 계시한다는 말이다. 계시란 보여주어 알게 한다는 뜻이다.

아버지께서 죽은 자들을 일으켜 살리심 같이
아들도 자기가 원하는 자들을 살리느니라.

아버지께서 죽은 자를 또 살려내어 생명을 주는 것과 같이 아들도 죽은 자를 살려낼 것이란 말이다.

아버지께서 아무도 심판하지 아니하시고
심판을 다 아들에게 맡기셨으니

여러 번 성경에 나오는 말인데, 예수는 진리이며 동시에 생명이다. 진리라고 하는 것은 빛이고, 생명이라고 하는 것은 힘이다. 진리라고 하는 것은 지知고, 생명이라고 하는 것은 행行이다. 언제나 이렇게 지행일치知行一致가 되는 것이지 따로따로 있는 것이 아니다.

그러니까 예수는 언제나 심판자이면서 동시에 구원자이시다. 그러니까 빛이 그대로 힘이다. 언제나 $E=mc^2$이다. 빛=힘이다. 이것을 우리는 잘 알아야 한다.

심판자란 진리라는 말이다. 언제나 심판하는 것은 진리가 심판하는 것이다. 물론 하나님의 말씀이 진리다, 라고 할 때는 하나님이 심판자이시다. 그래서 같은 말이다.

이는 모든 사람으로 아버지를 공경하는 것 같이
아들을 공경하게 하려 하심이라.
아들을 공경하지 아니하는 자는
그를 보내신 아버지도 공경하지 아니하느니라.

아버지를 존경하는 자는 아들을 존경하고, 아들을 존경하는 자는 아버지를 존경하는 것이다.

내가 진실로 진실로 너희에게 이르노니
내 말을 듣고 또 나 보내신 이를 믿는 자는
영생을 얻었고 심판에 이르지 아니하나니
사망에서 생명으로 옮겼느니라.

정말 예수의 말을 듣고서 믿는 사람은 살아도 살고, 죽어도 사는 것이다. 영생이다. 그런 사람은 심판을 받을 필요가 없다. 죽어서 사는 것뿐만 아니라 살아서도 사는 것이다. 우리는 이것을 잘 알아야 한다. 특별히 요한복음이 중요한 것은 이것 때문이다. 예수가 죽어서 부활하는 것이 아니다. 언제나 나는 부활이요 생명이다. 죽기 전에도 부활이요 생명이다. 죽어서 부활이 아니다. 이러한 것을 요한복음을 통해 알게 되면 그것이 곧 구원이다. 내가 지금 살아있으면서도 생명이다. 죽어서 다시 생명을 얻는 것만 얘기하는 것이 아니다. 그래서 나는 벌써 죽음에서 생명으로 옮겨져 있는 것이다. 하늘에 가야 하늘나라가 되는 것이 아니다. 여기가 하늘나라이다. 건강한 육체와 건강한 정신을 가지면 여기가 그대로 하늘나라이다. 물론 하늘에 가도 하늘나라이다. 그 나라하고 이 나라하고 별로 다름이 없다. 그렇게 되어야 믿음이다.

진실로 진실로 너희에게 이르노니
죽은 자들이 하나님의 아들의 음성을 들을 때가 오나니
곧 이 때라. 듣는 자는 살아나리라.

우리가 콧구멍으로 숨을 쉰다고 해서 산 것은 아니다. 아무리 콧구멍으로 숨을 쉰다고 해도 산 사람이 있고, 죽은 사람이 있다.

다시 말해서 건강한 정신과 건강한 생명을 가진 사람은 살아 있고, 건강한 정신과 건강한 생명을 못 가진 사람은 죽어 있는 것이다. 그래서 지금 이 순간에 살아난다는 것이 중요하지, 죽은 후 사흘 만에 살아난다는 것은 너무 늦었다고 할 수 있다. 그러므로 지금이 바로 그때다, 라는 말이 나오는 것이다. 깨달을 때는 바로 지금이지 죽어서 깨닫게 된다는 것은 너무 늦은 것이 되고 만다. 그래서 지금이 바로 그때다, 라는 말이 예수님의 아주 특별한 말이다.

요새말로 "Here and Now"라는 말이다. 한문으로 쓴다면 식유양息有養 순유존瞬有存이다. 지금 숨 쉬는 이 순간이 내 생명이 살아나는 때이고, 지금 눈 깜박하는 이 순간이, 내 생명이 깨어나는 때이다. 그래서 언제나 우리는 지금에 살고 있는 것이다. 죽어도 지금 죽는 것이고, 살아도 지금 사는 것이다. 내가 몇 십 년 후에 죽는다든지, 살아나는 것이 아니다. 심판은 언제나 오늘 이 순간에 결정되는 것이다. 그래서 지금이 바로 그때가 되는 것이다.

아버지께서 자기 속에 생명이 있음 같이
아들에게도 생명을 주어 그 속에 있게 하셨고,

그러니까 예수 속에는 생명이 들어가 있기 때문에 죽어도 죽는 것이 아니다. 그 생명은 죽일 수가 없다. 예수를 십자가에 매달아 죽인 것 같지만 예수는 죽지 않는다.

소크라테스가 마지막 사형 당할 때, "너희들은 나를 죽여서 땅속에 파묻는다고 생각하지만 사실 땅속에 파묻히는 것은 내가 아니고 너희들 자신이다"라고 했다는 것이 플라톤의 『크리톤』에 나오는 마지막 이야기이다. 너희들은 내가 죽는 것으로 생각하지만 사실은 너희들이 죽는다는 말이다. 다시 말해 소크라테스는 죽지 않는다는 말이다. 왜냐하면 소크라테스는 자기 속에 생명을 가지고 있기 때문이다. 그러니까 죽을 수가 없다.

또 인자됨으로 말미암아 심판하는 권한을 주셨느니라.

사람의 아들이란 심판주란 말이다. 한문으로는 인자人子라고 하는데 로마에 가면 성 시스티나 성당에 미켈란젤로가 천장에 그린 「천지창조」라는 그림이 있고 담벼락에는 심판하는 그리스도의 그림이 있다. 그것이 소위 인자라는 것이다.

이를 놀랍게 여기지 말라.

내 말에 너희들은 놀라지 말라. 이 말은 무슨 말인가 하면 예수 자신의 말이 진리란 말이다. 사실 예수의 말은 기독교의 입장에서 보면 진리이다. 한마디도 헛된 말이 없는 다 진리의 말이다. 그러니까 심판주이다. 예수가 앉아서 심판한다는 말이 아니다. 예수의 말 자체가 이 세상을 심판한다는 말이다.

무덤 속에 있는 자가 다 그의 음성을 들을 때가 오나니

무덤에 묻혀 있는 모든 사람이란 반드시 죽은 사람만을 말하는 것이 아니다. 지금 살아있는 사람도 다 무덤에 묻혀 있는 사람이다.

선한 일을 행한 자는 생명의 부활로,
악한 일을 행한 자는 심판의 부활로 나오리라.

그러니까 부활한다고 해서 다 좋은 것은 아니다. 악을 행한 자는 심판을 받기 위해서 부활하는 것이다. 차라리 부활하지 않는 것이 나을지도 모른다. 그러나 심판을 받기 위해 부활하는 것이다.

내가 아무것도 스스로 할 수 없노라 듣는 대로 심판하노니

그러니까 하나님의 뜻에 의해 말하는 대로 심판할 것이다.

나는 나의 뜻대로 하려 하지 않고
나를 보내신 이의 뜻대로 하려 하므로
내 심판은 의로우니라.

아까도 나왔지만 자기는 절대 이기주의자가 아니다. 언제나 전체를 위해서 자기를 바친 사람이란 뜻이다.

오늘 배운 구절 중에서 가장 중요한 말은 '본다' 라는 것이다. 정말 예수가 하나님을 보고서 말한 것인지 알 수 없다. 하나님은 어떻게 생겼는지, 예수는 하나님이 어떻게 생겼는지 한 번도 말한 적이 없다. 그런데 보았다는 것은 무엇을 보았다는 것인지, 그것은 영원한 수수께끼다. 소크라테스가 들었다고 했는데 무엇을 들었는지, 그것도 수수께끼다. 소크라테스가 들은 이야기를 한 번도 말한 적이 없다. 무엇을 보고 무엇을 들었는지 도무지 알 수가 없다. 그것은 오직 예수만 알고, 소크라테스만이 알 수 있을 것이다.

그러나 종교라는 것은 결국 말을 하고, 말을 듣는 것이 종교이다. 어떤 종교에 간다 해도 말을 하는 자가 있고, 말을 듣는 자가 있다. 그런데 말을 듣는다는 것이 상당히 중요한 것이다.

장자에 이런 말이 나온다. “물고기는 물속에서 살고, 사람은 말속에서 산다”라고 되어 있다. 그러니까 물고기의 물처럼 사람에게는 말이 필요하다.

이번 방학 때 미국을 돌아다니면서 그것을 더욱 절실히 느꼈다. 사람들이 얼마나 말을 사모하는지를. 미국이란 곳이 넓은 땅이어서 예배당 한 번 오려면 다 차를 타고 한 두 시간씩 걸려서 모일 수 있는데, 그런데도 수백 명이 모여들었다. 그리고 모여서는 얼마나 말을 듣기 위해 애를 쓰는지, 강단에서 내려다보면 그 사람들의 열의가 느껴졌다. 그런데 그 사람들의 가장 큰 불평이 무엇인가 하면, 들을 말이 없다는 것이었다. 그 사람들이 왜 내 말을 들으려고 애쓰는가 하면, 내가 감리교 신학대학의 선생이라고 하니까 신학대학의 선생은 어떤 말을 할까 하는 기대감 때문이었다. 그곳에는 물론 우리 감리교 대학 출신의 목사들도 많이 목회를 하고 있었다. 그래서 내가 미국에 왔다니까 여기저기에서 자기네 교회에서 설교나 강연을 해 달라는 부탁이 많이 들어왔다. 그러다 보니 여기저기 많은 곳을 돌아다니게 되었다.

그렇게 설교를 한 뒤 질문 시간을 갖게 되면 모두 다 이구동성으로 하는 말이 하여튼 들을 말이 없다는 것이었다. 그것이 그곳 교회 참석자들의 불평이었다. 그러면서 나에게 하는 말이 "당신은 신학대학 선생이니까 학생들을 좀 잘 가르쳐 달라"는 것이었다. 그래서 좀 들을 말을 할 줄 아는 목회자를 길러내 달라는 부탁이었다. 한국의 신학대학에서 공부하고 미국에 목회자로 온 사람들의 설교가 통 들을 말이 없다는 것이었다. 그래서 들을 말이 없다고 생각되면 다른 교회로 옮기고 또 들을 것이 없다고 생각되면 다른 교회로 옮기곤 한다는 것이었다.

내가 요 몇 해 전에 샌프란시스코에 갔을 때 한국인 교회가 2백여 개 있었는데 이번에 4년 만에 다시 갔더니 교회수가 6백 개로 늘어나 있었다. LA에는 4년 전엔 6백 개였는데 지금은 천 2백 개로 늘어났다고 한다. 그러니까 한 교회에서 목회자의 말이 들을 것이 없다, 라고 느껴지면 갈라지게 되고 또 다른 교회에서도 목회자의 말이 들을 것이 없다, 라고 하면 또 갈라지게 되고 그렇게 되다보니 자꾸 교회 수만 늘어나게 된 것이다. 목마른 사슴이 시냇가의 물을 그리워하듯 자꾸 이곳저곳으로 옮겨 다니게 되는 것이다.

그런데 그 사람들은 모든 책임을 목사들에게 돌렸다. 목사가 잘못 되어 그렇다는 것이다. 그 말을 들을 때마다 나는 정말 안타까운 심정을 금할 수 없었다. 그래서 방학기간 2달 동안 이 문제에 대해 굉장히 고민을 했다. 어떻게 하면 이것을 해결할 수 있을까 하고. 그러다가 마지막이 다 되어서야 해결방법을 찾을 수 있게 되었다. 그것은 그 사람들이 말을 들을 줄 아는 사람만 되지 말고, 말을 볼 줄 아는 사람이 되라는 것이다. 그것이 나의 결론이었다.

그래서 나중에 워싱턴에 갔을 때, 그 곳에 있는 한 30년 된 감리교회에 갔었는데, 그곳에서 그 말을 했다. 내가 지금까지 이 문제에 대해 오랜 동안 고민했는데 이젠 해결방법을 찾게 되었으니까 오늘은 그것을 말해주겠다. 그 방법은 다름이 아니고 이제는 듣는 사람에서 벗어나, 보는 사람이 되라는 것이다. 이 말은 무슨 말인가 하면, 이제부터는 목사의 설교를 듣는 데에만 관심을 갖지 말고, 여러분들이 직접 성경을 볼 수 있는 사람이 되어야 한다는 말이다.

그 곳에 모이는 사람들이 다 인텔리들이고, 태반은 박사들인데 목사는 학사출신이었다. 신학교를 졸업하고 갓 부임해온 목사도 있었다. 지적 수준으로 보아 목사가 신도들보다 훨씬 낮다고 할 수 있는데, 목사라는 신분 때문에 그의 설교를 들으려고 애는 쓰지만 별로 만족할 수가 없는 것이다. 그러니까 목사에 대한 불평불만이 높아지게 되는 것이다.

전번에 LA에 있는 한 교회의 신도가 그러한 불만을 이야기하길래, 당신이 그렇게 불만이라면 차라리 신학교를 다니는 것이 어떻겠느냐, 라고 대답해주었더니 이번에 가보니까 정말 그 사람이 신학교를 다니고 있었다. 또 한 사람 인디아나 폴리스에 사는 사람도 똑같은 불만을 얘기해서 신학을 해 볼 것을 권했는데 그 사람도 신학을 하고 있다고 했다. 그래서 두 사람이 신학을 하고 있다. 하여튼 신학교에 가서 배우든지 아니면 어떻게 해서라도 성경을 직접 보고 이해하도록 노력하면 될 것이 아닌가. 백문이불여일견百聞而不如一見이다. 그곳에서도 여러 번 한 말인데, 자꾸 목사의 말을 들으려고만 하지 말고 자신이 직접 성경을 보면 된다는 말이다. 그런데도 목사의 말만 들으려 하고, 그리고 나서는 그 설교에 대해 자꾸 불평만 하는 것이다. 자신이 직접 보게 되면 듣는 것은 문제가 될 것이 없게 된다.

여기서 여러 번 얘기한 것인데 맨 밑에 귀가 있어서 듣는 세계가 있고, 그다음이 보는 세계이고, 그다음이 사는 세계이고, 맨 위가 말하는 세계이다. 이번에 미국 가서 처음으로 그 이야기를 해주었다. 중용中庸에 천명지위성天命之謂性이 듣는 세계라면 솔성지위도率性之謂道가 보는 세계와 사는 세계이고, 수도지위교修道之謂教는 말하는 세계이다. 불교에서 이것을 성문聲聞, 연각緣覺, 보살菩薩, 불타佛陀의 4단계로 나눈다.

그런데 요즘 목사들의 잘못이 무엇인가 하면 중간 단계를 거치지 않고 바로 말하는 단계로 넘어가는 데 있다. 영어로 말하면 처음에는 듣는 단계의 Hearing이 있어야 하고, 그다음에는 책을 보는 Reading이 있어야 하고, 그다음에는 글을 쓰는 Writing이 있어야 하고, 맨 마지막에 가서야 말하는 단계의

Talking이 있게 된다. 그러니까 듣기만 하고 바로 말할 수는 없다. 여기에 목사들의 잘못이 있는 것이다. 그러니까 목사의 설교가 무게가 없고 천박하다는 소리가 나오게 되는 것이다. 또한 목사의 사는 것이 남들이 존경할 만한 것이 없다, 라는 것이 되고 만다. 그리고 신도들도 목사의 설교만 들으려고 하지, 자신이 직접 보고 이해해서 그대로 실천해 나가는 삶을 살지 못하는 것이다.

이 중에서도 눈을 뜬다는 것이 가장 중요하다. 개안開眼이라고도 하고 견성見性이라고도 하는 것이다. 영어로는 Enlightenment라고 한다. 항상 문제되는 것이 이 견성이란 것이다. 이 견성이 되어야 도道라고 하는 세계에 들어갈 수 있지 견성을 못하면 도道도 있을 수 없다.

견성도 없고, 도道도 없이 바로 교敎로 가려니까 그 가르친다는 것이 힘이 생길 수가 없는 것이다. 그러니까 가르침의 내용이 보잘 것 없게 되고 깊이가 없게 되는 것이다. 결국 문제는 여기에서 발생하는 것이다. 그래서 이번에는 돌아다니면서 목사들에게는 이러한 단계를 거쳐 성숙한 단계까지 올라가야 한다는 것을 강조하고, 신도들에게도 자꾸 듣는 것을 문제 삼지 말고, 자신들이 직접 보는 단계까지 가야 한다는 것을 말해주었다. 그러니까 목사들은 사는 단계를 가져야 하고, 교인들은 보는 단계로 올라서야 하는 것이다. 이러한 두 가지의 단계에 들어가야 문제가 해결될 수 있다.

그래서 워싱턴에 갔을 때는 이 점에 대해 많은 시간을 할애해서 강조했다. 이렇게 된다면 문제 될 것이 하나도 없지 않느냐, 라고 말해주었더니, 그 이후부터는 아무도 이 문제에 대해 불평불만을 이야기하는 사람이 없어지게 되었다.

그래서 오늘 예수께서 말하는 '본다'는 것이 중요한 것이다. 종교의 세계에서는 오랜 동안 말을 듣게 되면 그다음에는 보는 것이 나오게 된다.

그러니까 연각緣覺이라는, 깨닫고 보는 단계(견성見性)가 중요하다. 나도 유영모 선생에게 6년을 배우고, 6년 만에 눈을 떠서 보는 단계에 들어가게 되었다. 물론 그 이후에도 30년을 따라 다녔지만 가장 중요한 것은 바로 눈을 뜨는 단계이다. 백문百聞이 불여일견不如一見이다. 한 번 보면 그것으로 끝이 나는 것이다. 보는 세계가 되려면 자꾸 생각하는 것밖에 없다. 나는 선생님의 말씀을 들으면 자꾸 생각을 했다. 그렇게 6년을 해나가니까 선생님의 말씀을 더 들을 필요가 없게 되었다. 왜냐하면 결국 같은 소리이기 때문이다. 그 소리가 그 소리라는 느낌이 들었다.

그런 단계에 가니까 눈을 뜨게 되는 것이다. 그래서 나는 눈을 뜬 이야기를 글로 남긴 것이 있는데, 그동안 여러 번 말했던 3월 17일 오전 9시 5분의 이야기이다. 그래서 사람에게는 선생에게 배운 내용의 전체를 총정리하여 하나로 내어놓을 수 있는 무엇이 있어야 한다. 아까도 말했지만 '일음일양위지도一陰一陽謂之道'라고 할 때, 일음일양이, 소위음양所謂陰陽이 되어 음양을 뛰어넘는, 한 번의 비약이 필요한 것이다.

소위음양所謂陰陽의 소위所謂가 중요한 것이다. 이 '소위'라는 말이 곧 비약하는 것을 말한다. 이 비약하는 단계를 넘어서야 그것이 태극太極이다. 태극에 들어가야 인간의 모든 문제가 해결되지, 그 전에는 계속 불평불만에 쌓여 살게 된다. 상대적인 것만 가지고는 안 된다. 절대적인 것에까지 들어가야만 한다. 이것은 누가 해주는 것이 아니다. 자기가 해야만 한다. 생각은 자기가 스스로 생각해야지 다른 사람이 대신 생각해 줄 수가 없다. 그래서 자꾸 생각하고 생각해서 나중에 깨달음이 나오기까지 해야 한다.

생각生覺이란 말이 각覺이 나온다는 말인데 각이란 본다는 말이다. 그러니까 무엇을 보게 되기까지 생각해 나가는 것이다. 무엇을 보았는지에 대해서는 여기서도 말한 내용이 없다. 그렇지만 예수께서 무엇을 본 것만은 사실이다. 무엇을 보았으니까 그것에서 예수의 도道가 나오게 되는 것이다. 보지 못했다면 도가 나올 수 없다. 이것이 오늘 말한 것의 핵심이다. 보아야 한다. 백문이 불여일견이다. 보지 않으면 밤낮 끝이 없게 된다. 끝을 내기 위해서는 보아야만 한다.

나도 유영모 선생을 평생 쫓아 다녔다고 하지만 실제로 쫓아다닌 기간은 6년이다. 6년에 끝이 난 것이다. "아, 선생님의 말은 한마디로 말하면 이것이로구나" 하고 결론을 내리게 된 것이다. 이것이 '일언이폐지一言而蔽之'란 말이다. 공자가 시詩 삼백 개를 다 읽어보고 한마디로 '사무사思無邪'라고 했다. 그렇게 한마디로 말할 수 있는 순간에 눈이 뜨는 것이다. 눈을 뜨는 것, 그래서 볼 수 있게 되는 것이 가장 중요하다.

기 도

감사하신 하나님,
오늘 하루도
저희들에게 생명을 허락하시고
저희들이 정신을 차리고
당신 앞에 나와서 당신의 말씀을
생각하는 귀한 시간을
가질 수 있게 하여 주신 데 대해서
진심으로 감사를 드립니다.

이를 통해 주님의 높은 영광을
찬양할 수 있게 도와주시고
언제나 주님의 뒤를 따라서
십자가를 지는 저희들이 될 수 있도록
도와주시옵소서.

오늘 하루도
주님의 뜻 가운데에서 살게 하시고
온 땅위에 당신을 찬양하는 모든 겨레들이
당신께 한없는 영광을 돌릴 수 있도록
당신께서 축복하여 주시옵소서.

예수님의 이름 받들어 기도하옵나이다.
아멘.

18. 인생에서 가장 중요한 것: 근본경험

1993년 9월 12일

요한 5:31~47

내가 만일 나를 위하여 증언하면
내 증언은 참되지 아니하되

내가 스스로 "내 말이 옳다"라고 한다면 참되지 못하다. 남이 옳다고 인정해주어야지, 자신이 스스로 자신을 증명한다면 그것은 옳지 않다는 말이다.

나를 위하여 증언하시는 이가 따로 있으니
나를 위하여 증언하시는, 그 증언이 참인 줄 아노라.

그런데 다행스럽게도 자신에 대해서 정말 참사람이다, 라고 증언하는 사람이 있었다.

너희가 요한에게 사람을 보내매
요한이 진리에 대하여 증언하였느니라.

세례 요한이 예수에 대해서 "진리를 깨달은 사람이다"라고 인정을 했다는 것이다. 우리가 요한을 세례 요한으로 보통 생각하는데, 현대적으로 본다면 세례 요한이 예수의 선생이었다, 라고 생각할 수도 있다. 그래서 예수를 오래 동안 가르쳐 보니까 선생인 자기보다도 훨씬 뛰어난 사람임을 인정하게 되었다는 말이다. 그래서 다른 사람에게도 그러한 것을 증언하였다는 뜻이다.

그러나 나는 사람에게서 증언을 취하지 아니하노라.

물론 요한이라는 선생이 나에 대해서 증언을 했지만, 사실은 나는 그보다도 더 큰 증언을 가지고 있다는 말이다.

다만 이 말을 하는 것은 너희로 구원을 받게 하려 함이니라.

당신들에게 도움이 될까 하여 요한이 나를 증언했다는 말을 하는 것이다. 그러나 사실은 요한의 증언보다도 더 큰 증언을 가지고 있다.

요한은 켜서 비추이는 등불이라.

요한은 예수에게 비유하면 하나의 촛불에 불과하다는 말이다. 그러나 예수는 태양과 같은 사람이다.

너희가 한때 그 빛에 즐거이 있기를 원하였거니와,

사람들은 요한이 가장 큰 선생인 것처럼 생각하고 그를 좇아 다녔다. 실제로 그 당시 요한을 따르던 사람들이 많았는데 요한이 죽은 후에도 요한을 따르는 소위 요한학파가 2백 년은 계속되었다는 기록이 있다.

내게는 요한의 증거보다 더 큰 증거가 있으니,

요한에게 배운 것, 요한에게 받은 증언, 그것도 중요하지만 그것보다도 더 위대한 것은 하나님께 받은 것이다, 란 말이다. 또 요한을 만난 것, 그것도 중요하지만 그보다도 더 중요한 것은 하나님을 만난 것이다, 란 말이다. 그것은 절대적인 것이다. 요한을 만난 것이 촛불을 만난 것이라면 하나님을 만났다고 하는 것은 태양을 만난 것이다.

아버지께서 내게 주사
이루게 하시는 역사 곧 내가 하는, 그 역사가
아버지께서 나를 보내신 것을,
나를 위하여 증언하는 것이요,

내가 지금 여러분을 위해서 행하는 모든 일이 내가 하나님을 만났다고 하는 그 증거이다. 하나님을 만나지 않았다면 내가 이런 일을 할 수가 없다. 나의 일이란 하나님께서 예수로 하여금 이루도록 맡기신 모든 일을 말한다.

또한 나를 보내신 아버지께서 친히
나를 위하여 증언하셨느니라.
너희는 아무 때에도 그 음성을 듣지 못하였고,
그 형상을 보지 못하였으며,
그 말씀이 너희 속에 거하지 아니하니,
이는 그가 보내신 이를 믿지 아니함이라.

당신들 중에는 하나님을 만난 사람도 없고, 또 말씀을 들은 사람도 없다. 나(예수)를 믿지 않는 것을 보면 그런 사실이 확실하지 않느냐란 뜻이다.

너희가 성경에서 영생을 얻는 줄 생각하고
성경을 연구하거니와,

당신들이 성경을 읽는 까닭은 그 속에 진리가 있다고 생각하기 때문이다.

이 성경이 곧 내게 대하여 증언하는 것이니라.

여기서 '나'를 좁게 생각할 수도 있고, 넓게 생각할 수도 있다. 좁게 생각하면 '예수 그리스도'를 말하는 것이고, 넓게 생각하면 우리 모두의 '나'이다. 우리 모두가 가지고 있는 '나'이다. 소크라테스가 말한 "너 자신을 알라"고 하는 '나'이다. 그러니까 이 성경이라고 하는 것이 '예수'에 대해서 말하고 있지만 '나'에 대해서도 말하고 있는 것이다.

내가 늘 말하듯이 성경聖經의 경經 자는 거울 경鏡 자나 마찬가지다. 그러니까 성경이란 내 거울이다. 그 속에 내 모습이 비춰있는 것이다. 너 자신을 알라고 할 때 너 자신은 어디에 있는가 하면 성경 속에서 찾아 볼 수 있다. 다른 데에서는 찾을 수가 없다. 그래서 여기의 '나'는 좁게도 생각할 수 있고, 넓게도 생각할 수 있는 것이다. 예수만을 얘기한다고도 볼 수 있지만 나 자신의 '나'를 말한다고도 할 수 있다. 성경이 무엇인가 하면 결국 내 소리를 말하는 것이다. 물론 예수를 말하는 것이 확실하다. 그러면 예수가 누구인가 하면 곧 나이다. 그렇게 알아야 성경을 제대로 아는 것이다. 예수가 나하고 다르다가 되면 안 된다.

그러나 너희가 영생을 얻기 위하여
내게 오기를 원하지 아니 하는도다.

그런데 생명을 찾겠다고 하는 당신들이 생명인 나에게 오기를 꺼리고 있다.

나는 사람에게서 영광을 취하지 아니하노라.

나는 사람은 만나지 않아도 괜찮다. 왜냐하면 하나님을 만났기 때문이다. 사람에게 인정을 못 받아도 좋다. 왜냐하면 하나님께 인정을 받기 때문이다.

다만 하나님을 사랑하는 것이 너희 속에 없음을 알았노라

그런데 당신들의 마음속에는 아직도 하나님에게는 관심이 없음을 알고 있다.

나는 내 아버지의 이름으로 왔으매 너희가 영접하지 아니하나

내가 아버지께로부터 왔는데도 당신들은 나를 받아들이지 않는다. 나를 받아들이지 않는 것이 결국은 하나님을 받아들이지 않는 것이다.

만일 다른 사람이 자기 이름으로 오면 영접하리라.

여기에 다른 유명한 사람이 왔다고 한다면 당신들은 그를 맞아들일 것이다.

너희가 서로 영광을 취하고,
유일하신 하나님께로부터 오는 영광은 구하지 아니하니

어찌 나를 믿을 수 있느냐.

서로 칭찬 받으려 하면서도 사람에게만 관심이 있지 하나님에게는 관심을 갖지 않는다는 말이다. 그런 사람이 어떻게 믿음에 들어갈 수 있겠는가. 그런 사람이 어떻게 진짜 사람다운 사람이 될 수 있겠는가.

내가 너희를 아버지께 고발할까 생각하지 말라.
너희를 고발하는 이가 있으니
곧 너희가 바라는 자 모세니라.

그렇다고 해서 나는 당신들을 탓하고 있는 것은 아니다. 사실은 당신들을 비판하는 것은 모세의 율법이다.

모세를 믿었더라면 또 나를 믿었으리니
이는 그가 내게 대하여 기록하였음이라.

당신들이 정말 율법이라는 것을 믿는다면 나를 믿게 될 것이다. 다시 말해 율법이라는 것도 결국은 나를 증거하는 것이란 말이다.

그러나 그의 글도 믿지 아니하거든
어찌 내 말을 믿겠느냐 하시니라.

실로 모세는 나에 대해서 증거하고 있다. 그러나 당신들이 모세의 그런 이야기를 믿지 않기 때문에 나에 대해서도 믿지 않게 되는 것이다. 결국 모세도 보편적인 진리를 말했는데, 당신들은 모세에 대해서 통 모르고 있다는 말이다.

오늘 배운 구절 중에는 중요한 말이 3개 있다. 첫 번째는 요한을 만났다는 것이고, 두 번째는 하나님을 만났다는 것이고, 세 번째는 나에게는 할 일이 있다는 것이다.

이 세 가지가 오늘 말한 것 중에 가장 중요한 것들이다. 누구든지 그 일생을 통해서 그 사람을 그 사람 되게 하는 원인이 있다면 역시 선생을 가졌다는 것이다. 선생님이 없다면 사람이 될 수가 없다. 그래서 선생님을 갖는다는 것만큼 세상에 중요한 것이 없다.

인도 사람들은 말하기를, 세상에 인간으로 태어났다는 것 한 가지가 중요하고, 그다음에 선생을 가졌다는 것, 그것 한 가지가 중요하다, 라고 했다. 인생의 가장 중요한 것이 이 두 가지라는 것이다. 육체적인 생명은 우리가 태어났다는 것이고, 정신적인 생명은 선생을 가졌다는 것이다.

정신이란 것은 선생이 낳아 주는 것이지 부모가 낳아 줄 수 없다. 그래서 선생을 가졌다는 것이 중요하다. 선생을 가지게 되면 계속 발전할 수 있다. 선생이란 결국 나 자신을 발전시켜 주는 것이다. 선생이 없으면 발전이란 없게 된다. 그래서 누구든지 선생을 가져야만 한다.

어떤 선생이라도 좋다. 과학의 선생을 가지면 과학이 발전될 수 있고, 철학의 선생을 가지면 철학이 발전할 것이고, 예술의 선생을 가지면 예술이 발전할 것이고, 또 종교의 선생을 가지면 종교가 발전할 것이다. 무엇이든지 발전하기 위해서는 선생을 가져야 한다.

이 세상에 가장 불쌍한 사람은 선생을 갖지 못한 사람이다. 왜냐하면 발전이 없기 때문이다. 발전이 있을 때 그것이 생명이다. 다시 말해서 생명이란 것은 발전하는 것이다. 발전하는 것이 없다면 생명이라고 할 수도 없다. 그것은 돌멩이나 마찬가지지 생명이라고 할 수 없다. 그래서 발전한다는 것이 중요하기 때문에 반드시 선생을 가져야 하는 것이다. 나 혼자 하면 될 것 아닌가, 라고 하지만 잘 되지 않는다. 나보다 훨씬 높은 선생을 가져야 무엇이 되지 그렇지 않고는 될 수가 없다.

믿음의 세계에 있어서도 제일 중요한 것이 선생을 갖는 것이다. 물론 선생은 산 사람도 있고, 죽은 사람도 있다. 될 수 있으면 산 사람을 선생으로 가지면 더 좋다. 그러나 죽은 사람이라도 선생으로 가질 수 있다면 좋은 것이다. 산 사람으로 좋은 선생을 가질 수 없으면 죽은 사람이라도 선생으로 가져야 한다.

어쨌든 선생을 가진다는 것이 제일 중요하다. 내가 늘 말하는 것이 바로 이것이다. 역시 선생이 없으면 나라고 하는 것도 없다. 당신의 남편이 누구인가라 할 때 내 남편은 아무개요라고 대답할 수 있는 사람들은 많지만, 네 선생이 누구인가라 할 때 내 선생은 아무개요라고 대답할 수 있는 사람들은 많지 않다. 백 명 중에 한 명이 있을까, 천 명 중에 한 명이 있을까, 만 명 중에 한 명이 있을까. 그렇게 나는 선생을 가졌다고 자신 있게 대답할 수 있는 사람이 많지 않은 것이다.

내 선생이 누구이다, 라고 확실히 대답할 수 있는 사람이 희귀하다는 말이다. 그래서 역시 귀한 존재가 되려면 내 선생이 누구이다, 라고 서슴없이 말할 수 있게 되어야 한다. 그런데 그것이 참 어렵다. 여기 32절에 "나를 위하여 증언하여 주시는 분"이란 말이 누구인가 하면 선생이란 말이다.

나는 언제나 유영모 선생 말을 자주 하는데, 내가 다니는 곳마다 붙어다니는 말이 "이 사람은 유영모를 좇아다니는 사람이다"란 말이다. 사실 맞는 말이다. 내가 일생 따라다닌 사람이 유영모 선생이었다. 또 그것밖에 내가 내세울 게 없다. 그래서 내 얘기를 듣는 사람은 "저 사람은 유영모를 따라다닌 사람"이라고 증언을 한다.

그다음에 중요한 것이 하나님을 만났다는 것이다. 유영모 선생을 만났다는 것도 중요하지만 하나님을 만났다는 것도 또 중요하다. 우리가 하나님을 만난다, 라고 표현하는데, 이것을 진리를 깨달았다라고 해도 좋고, 생명을 얻었다라고 표현해도 좋다. 또 우리가 말하는 성령을 받았다라고 생각해도 좋다. 혹은 계시를 받았다라고 해도 좋다. 어떻게 표현해도 좋지만 하여튼 자기에게 절대 타자가, 자기로서는 생각할 수 없는 절대 타자가 자기를 붙잡고 있다는 것을 느끼는 것이다. 그것을 기독교식으로 표현하면 하나님의 사랑이라고 한다. 또 하나님의 아들이라고도 표현한다.

어떻게 표현하든지 간에 이러한 느낌은 주관적인 것이다. 과학은 객관적인 것이지만 종교는 주관적이다. 다른 사람이 어떻게 생각하든 그것은 문제 되지 않는다. 내가 나를 생각할 때 나는 하나님에게 붙잡힌 사람이다, 라고 느끼는 것이다. 바울이 빌립보서 3장 12절에서 "오직 내가 그리스도 예수께 잡힌 바 된 그것을 잡으려 좇아가노라"고 했는데 같은 표현이다. 그래서 하나님을 만났다고 하는 근본경험根本經驗이 중요한 것이다.

이 근본경험은 윌리엄 제임스라는 사람이 말한 것으로 그의 『근본경험론(Radical Empiricism)』이란 책에서 말한 것이다. 이 근본경험이란 이 세상에 있어서의 경험을 말하는 것이 아니고, 양명陽明도 말했지만, 인간하고 인간하고의 관계를 말하는 것이 아니고, 인간하고 하나님하고의 관계를 말하는 것이다. 양지良知란 말도 인간을 알았다는 것이 아니고, 하나님을 알았다고 하는 것이다. 그러니까 양명에게도 근본경험이란 것이 있었다.

양명이 37세 되는 해에 먼 월남부근의 용장으로 귀양을 가게 되었는데 그곳에서는 책도 필요 없이 자연 그대로 생활하는 곳이었다. 그런 환경 속에서 양명은 공자가 이런 곳에 와 있다면 어떻게 생활했을까를 생각하며, 이런 기회에 내가 한번 아침에 도를 들으면 저녁에 죽어도 좋다는 공자의 말처럼 결단을 내려서 자신을 깨달아 보겠다고 결심하고는 동굴 속에 들어가서 관을 짜고 그 속에 들어가 깊은 명상에 들어갔다. 기독교로 말하면 금식기도에 들어간 것이다. 그렇게 결사적으로 정진해 나가다가 어느 날 꼭 누가 와서 양명에게 가르쳐 주는 것 같은 느낌을 갖게 되었는데, 요새 우리말로 하면 하나님 말씀을 듣게 된 것이다.

이런 이야기가 『전습록傳習錄』에 나오는데 뇌천지령賴天之靈, 즉 하나님의 영의 도움으로 내가 깨닫게 되었다라고 하였다. 그래서 양명도 결국 하나님을 만나는 경험을 하게 되었다고 말할 수 있다. 역시 그런 경험이 없이는 양명의 그런 말들이 나올 수 없는 것이다. 이러한 경험은 노력에 의해서 되는 것은 아니다. 양명이 결사적으로 생각을 밝혀 나갔다고 해서 나도 결사적으로 달려 붙어 보자고 욕심 부리면 안 된다. 이러한 것은 나의 욕심과 의지에 있는 것은 아니다. 그것은 언제나 하나님의 뜻에 있는 것이다.

하나님의 뜻이 있을 때는 바울처럼 예수 믿는 사람을 잡아 죽이러 가다가도 경험을 할 수 있게 된다. 그렇게 보면 이런 것은 하나님의 뜻이지 바울의 뜻은 아니다. 그리스도가 다메섹 도상에서 바울을 만나게 되는데, 그것은 그리스도의 뜻이지 바울의 뜻은 아니다. 그러므로 이런 것은 욕심 낼 문제가 아닌 것이다. 하나님께서 만나 주시면 만나는 것이고, 안 만나 주시면 할 수 없는 것이고 그렇지, 꼭 어떻게 해서라도 만나야 한다는 의필意必을 가지고 되는 것은 아니다.

하여튼 인간에게는 근본경험이라는 것이 있다는 것은 사실이다. 그런 경험 때문에 예수는 예수 그리스도가 되는 것이다. 그런 경험이 없다면 예수는 예수가 될 수 없을 것이다. 예수께서 세례를 받을 때 "이는 내 사랑하는 아들이요, 내 기뻐하는 자라" 하는 소리가 하늘에서 들려 왔고, 또 높은 산에 제자들을 데리고 올라갔을 때에도 얼굴이 해같이 빛나며, 옷이 빛과 같이 희어졌으며, 구름 속에서 소리가 나 가로되 "이는 내 사랑하는 아들이요, 내 기뻐하는 자니 너희는 저의 말을 들어라" 하는 소리를 제자들이 듣게 되었다는 말도 나오고, 또 "성령이 비둘기처럼 내려 임했다"라 나오는데, 이런 것들이 다 근본경험을 말하는 것이다. 그러니까 역시 그런 경험 없이는 예수 같은 사람이 나올 수 없는 것이다. 그래서 이러한 근본경험이 중요하다. 하나님을 만난다는 것, 그것이 우리 인생에서 가장 중요한 것이다.

그래서 이런 경험을 통해 우리 인간은 이 세상의 모든 집착을 벗어날 수 있게 되는 것이다. 그것이 중요하다. 쉽게 말하면 생로병사生老病死를 벗어나게 되는 것이다. 그런 경험 없이는 생로병사를 벗어날 수 없다. 그렇다고 해서 나지도 않고, 늙지도 않고, 병들지도 않고, 죽지도 않는다는 소리는 아니다. 생로병사가 문제가 되지 않는다는 말이다. 왜 그렇게 되는가 하면 생로병사란 언제나 육체에 속하는 것이기 때문이다. 그런데 육체가 아닌 정신이 깨어나게 되면 이러한 것들이 문제가 되지 않는다.

옛날 사람들은 정신 대신에 마음(심心)이란 말을 쓰는데 대심지사大心之士라 하면 큰 마음을 가진 사람이란 뜻이다. 이 마음이 깨어나는 것이다. 이 마음은 늙지 않는다. 젊었을 때 마음이나, 늙었을 때 마음이나 그대로이지 마음은 늙지 않는다. 마음은, 병도 걸리지 않는다. 육체가 병들지 마음은 병드는 게 아니다. 또 마음은 죽지도 않는다. 마음은 나지도 않는다. 그래서 불생불멸不生不滅이라고 하는 것이다. 마음은 불생불멸이다. 나는 것도 아니고, 죽는 것도 아니다. 부증불감不增不減이다. 더해지는 것도 아니고, 줄어드는 것도 아니다. 불구부정不垢不淨이다. 더럽혀지지도 않고, 깨끗하게 되는 것도 아니다. 이것이 옛날 사람의 마음에 대한 표현이다.

그런데 이 마음이라는 것이 잘 느껴지지 않으니까 서양 사람들은 이것을 영靈이라고 번역하여 Soul이라고 했다. 하여튼 정신이라고 해도 좋고, 마음이라고 해도 좋고, 영이라고 해도 좋고, 이것이 깨게 되면 몸이라는 것은 문제가 되지 않는다. 그래서 결국 생로병사를 넘어서게 되는 것이다. 몸을 넘어서게 되는 것이다. 몸의 나가 아니고 마음의 나가 되고 마는 것이다. 몸에 대한 집착을 버리게 되고, 마음이 주인이 되고 만다. 달리 말하면 건강한 정신이 되고 만다. 건강한 정신이 되니까 저절로 육체도 건강하게 된다. 그래서 건강한 정신에 건강한 육체가 되는 것이다.

이상구 박사의 말도 결국 마찬가지다. 건강한 정신에서 건강한 육체가 나온다는 것이다. 건강한 육체를 만들려고 애쓴다고 해서 되는 것이 아니다. 그러나 건강한 정신이 되면 건강한 육체는 저절로 된다. 건강한 정신이 되려면 남을 사랑해야 된다고 이상구 박사는 말한다. 온 천하를 구원하려고 하면 나는 저절로 구원되는 것이다. 들어 보면 다 똑같은 말들이다. 그래서 결국은 하나님을 만나게 되면 생로병사도 넘어서게 되는 것이다. 그런 경험을 우리는 근본경험이라고 한다. 그것이 굉장히 중요하다.

나는 내가 35살 나는 해, 3월 17일 오전 9시 5분에 근본경험을 했다고 늘 말하는데 그 순간이 나에게 있어서는 생로병사를 넘어서는 때다. 그 순간이 나에게 제일 중요한 순간이다. 일생에 그런 경험 없이는 종교의 핵심이란 것을 붙잡을 수가 없다.

그다음에는 할 일이 생기게 된다. 예수께서는 여러 가지 많은 일을 했는데, 나에게는 할 일이란 것이 간단하다. 내가 여러 분들에게 밤낮 말하는 것이지만 일일일식一日一食이 나에게는 할 일이다.

이번에 미국 갔을 때도 우리 학교 졸업생들을 많이 만나게 되었는데 이구동성으로 하는 말이 무엇인가 하면, 선생님 말은 다 잊어먹었는데 한 가지 잊어버려지지 않는 것은 선생님께서 한 끼 먹는 것입니다, 라는 것이다. 결국 나에 대한 기억이 남는 것은 그것 하나란 말이다. 그런데 아직도 한 끼 하십니까, 라고 물어 보았다. 그래서 미국 있을 때에는 두 끼를 먹고 싶어도 먹을 수가 없었다. 모두들 내가 지금까지 한 끼 먹는 것에 대해 좋아들 하였다. 그리고는 내가 옛날이나 지금이나 조금도 변하지 않았다고 말들을 했다. 그래서 내가 할 일이 있다면 한 끼 먹는 일이다. 다른 일은 나도 잘 모른다. 예수처럼 병 고쳐 줄 줄도 모르고 다른 것은 아무것도 못한다.

한 끼 먹는 일은 내 생각에는 누구나 다 할 수 있을 것 같다. 왜냐하면 안 먹기만 하면 되기 때문이다. 더 먹는 것은 문제지만 안 먹는 것은 문제 될 것이 없다. 미국 갔을 때 힘든 것은 한 끼 식사를 마음껏 먹을 수 없는 데 있었다. 식당에서 나오는 식사의 양이 정해져 있는데 더 달라고 할 수도 없고 양에

안 차지만 참을 수밖에 없었다. 예수는 40일 금식도 했는데 며칠을 못 참아서야 되겠는가, 라고 생각하며 참을 수밖에 없었다. 하여튼 자신의 할 일이 있다는 것, 이것이 인생에 있어서 또 중요한 것이다. 각자가 다 다른 할 일이 있을 것이다. 그러나 나에게 있어서 할 일은 확실하다. 바로 한 끼 먹는 일이다. 그것은 확실하다.

그런데 한 끼 먹는다는 것이 어디에서 나오는가 하면 하나님을 만났다는 데에서 나오게 된다. 하나님을 만났다는 것도 없이 한 끼를 먹는다는 것은 되지 않는다. 언제나 뿌리가 있어야 되는 것과 마찬가지다. 하나님을 만났다는 것 때문에 한 끼를 먹게 되는 것이다. 그것이 나에게는 할 일이 되는 것이다. 하나님이 일하시니 나도 일한다, 라 할 때의 일이 있어야 한다.

그리고 우리가 하나 더 생각할 것이 있다면 이 성경이란 것이 무엇인가, 라는 것이다. 그것은 '내 소리'라는 것이다. 성경이란 것이 내 소리다. 그러니까 성경에 대해서는 모를 것이 없다. 성경은 다 알 수 있다. 왜냐하면 내 소리이기 때문이다. 그것을 또 하나 알아야 한다. 성경은 남의 얘기가 아니고 내 소리이다.

오늘 내가 말하고자 하는 것이 이것이다. 선생을 만났다는 것, 유영모 선생을 갖게 된 것, 하나님을 만났다는 것, 단 몇 초이지만 하나님을 만나는 경험을 했다는 것, 나도 할 일을 갖게 되었다는 것, 하루 한 끼 먹는 일, 이것이 다 내 소리이다. 이런 것들이 전부 내 소리이지 남의 얘기가 아니다. 이 성경은 무엇을 말하고 있는가 하면 내 소리를 말하고 있는 것이다. 그래서 이 성경이라는 것이 하나님의 말씀이라는 것이 되기 위해서는 내 소리가 되어야 한다. 이것이 나에게 대해서 말한 것이 되어야 한다.

그래서 우리가 성경을 볼 때마다 나에 대한 모습을 보아야 한다. 그러니까 아, 어떻게 이 사람이 나에게 대해서 이렇게 썼지, 라고 하게 되어야 이것이 성경이지, 그렇게 되지 않으면 그것은 성경이 아니다. 그래서 오늘 배운 예수에 대한 하나님의 증언이란 이 구절이 우리에게 특별히 중요한 의미가 있는 것이다.

제 6 장

영생 永生

기 도

감사하신 하나님,
오늘도 저희들이 하나님 앞에 나와서
하나님의 거룩하신 말씀을 공부할 수 있는
아름다운 시간을 가질 수 있게 해주신 데 대해서
진심으로 감사를 드립니다.

오늘도 언제나 저희들의 마음이 열리게 하시고
당신의 성령이 같이 하셔서
우리가 눈을 뜨고
당신의 말씀대로 살아가는
참삶을 가질 수 있도록 당신께서
도와주시옵소서.

언제나 우리가
지극한 사랑으로
생명을 소중하게 여겨서
다른 사람들에게
힘이 되고 빛이 될 수 있는
저희가 될 수 있도록
도와주시옵소서.

예수님의 이름 받들어 기도하옵니다.
아멘.

19. 하늘의 문제

1993년 9월 19일

요한 6:1~15

그 후에 예수께서
디베랴의 갈릴리 바다 건너편으로 가시매
큰 무리가 따르니,
이는 병자들에게 행하시는 표적을 보았음이러라.
예수께서 산에 오르사
제자들과 함께 거기 앉으시니
마침 유대인의 명절인 유월절이 가까운지라.

갈릴리 호수의 서쪽에 있는 디베랴라는 도시의 건너편, 곧 호수 동편에 위치한 어느 산으로 예수께서 올라가셨다. 이제 헤롯왕이 세례 요한을 잡아 죽이고 예수에게도 위험이 가까워지기 시작했다. 그래서 일단 이러한 위험을 피해야 할 입장에 있었다고 할 수 있다.

예수께서 눈을 들어
큰 무리가 자기에게로 오는 것을 보시고
빌립에게 이르시되,

그 당시 사람들의 문제는, 예수의 말은 들으려 하지 않고 기적만 바란다든지 병 고침을 얻으려는 것이었다. 예수가 가르쳐 주는 것은 알 생각도 하지 않고, 그저 병 고칠 생각만 하는 것이다. 예수는 사람들을 깨우쳐 주려고 온 사람이지 병을 고쳐주는 사람은 아니었다. 물론 가끔가다가 병을 고쳐주거나 기적을 행하기는 했지만 그것이 예수가 온 본래의 목적은 아니다. 자꾸 그렇게 되다 보니까 예수도 조금은 지치게 되어 좀 쉬려고 했지만 계속해서 사람들은 몰려들었다.

우리가 어디서 떡을 사서
이 사람들을 먹이겠느냐 하시니
이렇게 말씀하심은 친히 어떻게 하실지를 아시고
빌립을 시험하고자 하심이라.

예수께서 빌립보에게 시험 삼아 이런 질문을 하게 되었다.

빌립이 대답하되
각 사람으로 조금씩 받게 할지라도

이백 데나리온의 떡이 부족하리이다.

이백 데나리온은 요새로 말하면 천만 원 정도의 금액을 말한다. 그러니까 빵을 천만 원 어치를 사와도 이 사람들을 다 먹이기엔 부족하다는 말이다.

제자 중 하나 곧 시몬 베드로의 형제 안드레가
예수께 여짜오되 여기 한 아이가 있어
보리떡 다섯 개와
물고기 두 마리를 가지고 있나이다.
그러나 그것이 이 많은 사람에게
얼마나 되겠사옵나이까.

음식을 준비하고 온 사람은 어린아이 한 사람으로, 가지고 있는 음식이라고는 다섯 개의 보리빵과 작은 물고기 두 마리밖에 없었다.

예수께서 이르시되
이 사람들로 앉게 하라 하시니
그 곳에 잔디가 많은지라
사람들이 앉으니 수가 오천 명쯤 되더라.
예수께서 떡을 가져 축사하신 후에
앉아 있는 자들에게 나눠 주시고
물고기도 그렇게 그들의 원대로 주시니라.
그들이 배부른 후에
예수께서 제자들에게 이르시되

남은 조각을 거두고 버리는 것이 없게 하라 하시므로,
이에 거두니 보리떡 다섯 개로 먹고 남은 조각이
열두 바구니에 찼더라.
그 사람들이 예수께서 행하신 이 표적을 보고 말하되
이는 참으로 세상에 오실 그 선지자라 하더라.
그러므로 예수께서 그들이 와서
자기를 억지로 붙들어 임금으로 삼으려는 줄 아시고
다시 혼자 산으로 떠나가시니라.

여기 나오는 구절 중에서 우리는 여러 가지 문제를 생각할 수 있는데, 그중 제일 첫 번째로 생각할 문제가 기적이라는 것이다. 기적이라는 것이 현대인들에게 과연 납득이 될 수 있는가 하는 것이 가장 큰 문제이다. 죽은 사람을 살려낸 것이라든지, 부활의 문제라든지, 여기 있는 5천 명을 먹이고도 빵이 남은 것이라든지 하는 일들이 우리의 과학적인 사고방식으로는 도저히 받아드릴 수가 없다.

그러나 세상은 과학만 가지고는 살 수 없다. 철학도 있어야 하고, 예술도 있어야 하고, 종교도 있어야 한다. 이것을 인의예지仁義禮智라고도 하는데, 인仁이라고 하는 종교, 의義라고 하는 철학, 예禮라고 하는 예술, 지智라고 하는 과학, 이러한 것들이 다 있어야 하지 어느 한 가지만 가지고는 살 수 없다. 그러니까 과학적으로는 안 되는 문제도 차원을 달리하면 될 수도 있다고 생각한다. 우리가 경제적으로 해결할 수 없는 문제도 차원을 달리하면 정치적으로 해결할 수 있는 경우도 있다.

차원을 달리하면 해결할 수 있다고 본다. 과학이라고 하는 것은 현상세계를 다루는 것인데 그것만 가지고 일체의 모든 문제를 해결하려고 하면 될 수가 없다. 그래서 역시 현상 세계를 넘어선 실재 세계도 인정하고 그 세계를 알도록 힘써야 하며 또 실재 세계를 넘어서는 세계도 있다는 것을 알아야 한다. 될 수 있는 대로 우리의 아는 폭을 넓혀 나가야지, 너무 한 세계에 고정되어 그것만이 모든 것을 다 나타내는 것으로 생각하면 바람직하지 못한 것이 되고 만다.

기적이라는 것이 예수에게 있어서 그렇게 중요한 것은 아니다. 예수는 기적을 위해 온 사람도 아니고, 병 고치려고 온 사람도 아니다. 그러므로 우리는 기적에 대해서 너무 중요하게 생각할 필요는 없다.

우리가 과학도 해 보고, 철학도 해 보고, 예술도 해 보고, 종교도 해 보아서 좀 성숙되고 믿음도 생기게 되면 이러한 기적에 대해서 크게 거부감을 느끼지 않게 된다. 여기 5천 명을 먹인 기적에 대해서도 나는 그렇게 거부감을 느끼지 않는다. 당연히 그럴 것이다고 받아들이지 거부감을 느끼지 않는다. 또 그런 기적이라는 것도 좀 있어야지 기적이 전혀 없다면 그것도 오히려 문제가 된다, 라는 생각도 해 본다. 믿음을 갖게 되면 기적 같은 것이 오히려 우리의 삶에 도움이 되고 힘이 될 수 있는 것이다. 물론 억지로 믿으라는 것은 아니다. 인정할 때가 되면 인정하게 된다는 얘기이다.

그러니까 차원을 달리하여 생각할 줄도 알아야 한다. 과학적인 차원만 갖고서는 안 된다. 과학적인 차원도 필요하지만 그것만 가지고는 안 된다. 예술적인 차원도 있어야 하는데, 예술적인 차원을 과학적인 차원으로 해결하려 한다면 될 수가 없다. 예술에는 예술적인 차원이 있다. 철학에는 철학적인 차원이 있고, 종교에는 종교적인 차원이 있다. 그러니까 기적이라는 것이 종교적인 차원에 들어가면 별로 문제가 안 된다. 이러한 기적이 오히려 종교적인 차원을 이해하는데 도움이 되고, 문제될 것이 하나도 없게 된다.

그래서 나는 여러분들도 그러한 차원에 들어가기를 바라지, 그러한 기적은 믿을 수 없다, 하고 거부감을 느끼고 더 이상 발전이 없게 된다면 그것은 바람직하지 않다고 생각한다. 당장은 거부감을 느끼고 받아들일 수 없을지라도 인간이 과학적인 것만이 전부가 아니라는 것을 알고 좀 더 높은 차원으로 갈 수 있도록 긍정적인 생각을 가질 필요가 있다.

양명학陽明學에서 지행知行의 세계를 자꾸 주장하는데 기독교에서도 가장 중요한 것이 지행의 세계이다. 지知도 있어야 하지만 행行도 있어야 한다. 지행知行이 합쳐지는 것, 그것이 믿음이다. 다시 말해서 지행知行이 일치一致하는 세계가 믿음이다.

히브리서 11장 1절에 보면 "믿음은 바라는 것들의"라는 것이 '지'를 말하고, "보지 못하는 것들의"가 '행'을 말한다. 이 두 가지가 하나가 될 때 믿음이지 그것 없이는 믿음이라고 할 수 없다. 그래서 나는 밤낮 믿음을 '밑힘'이라고 말하기도 하는데 이 말은 인간이 가지고 있는 어떤 근원적인 힘이란 말이다. 또 근본적인 힘이라고 해도 좋다.

우리가 간디를 말할 때, 간디라는 사람이 영국과 싸울 때 무엇을 갖고 싸우는가 하면, 간디는 언제나 '진리의 힘'을 갖고 싸운다고 늘 말했다. 진리의 힘이 무엇인가 하면 인간들이 갖고 있는 근본적인 힘인 것이다. 양명은 기쁨을 심지본체心之本體라고 했는데 그것도 바로 근본적인 힘이다. 그러니까 간디도 근본적인 힘을 갖고 싸우는 것이지 과학적인 대포나 총을 갖고 싸운 것은 아니다.

예수가 당시에 싸운 것도 마찬가지로 그러한 과학적인 힘이 아니라 근본적인 힘을 들고 나온 것이다. 그러한 근본적인 힘을 갖고 싸워서 예수는 "나는 세상을 이겼다"라고 한 것이지, 근본적인 힘이 아닌 다른 과학적인 힘을 가지고 싸운 것은 아니다. 우리는 그것을 하나님의 힘이라고도 하는데, 그러한 근본적인 힘이라는 것을 사람은 이상하게도 가질 수 있는 능력이 있다. 예수는 대학을 졸업한 사람도 아니요, 다른 어떤 특별한 능력을 갖지 못했지만 근본적인 힘을 갖은 사람이라고 생각할 수 있다. 그 근본적인 힘을 가지고 예수는 세상과 싸운 것이다. 그러니까 그 근본적인 힘에 있어서 예수는 특별히 강한 사람이라고 우리는 생각할 수 있다. 만약 기적을 행할 수 있었다면 이러한 근본적인 힘을 가지고 할 수 있었다라고 생각한다.

예수는 우리가 갖고 있는 보통의 능력에다가 이러한 근본적인 힘을 가진 사람이다. 이러한 근본적인 힘 때문에 예수가 될 수 있지 그것이 없다면 우리와 다를 게 무엇이 있겠는가. 그런 의미에서 예수는 우리가 가질 수 없는 굉장한 힘과 능력을 가지고 있었다, 라고 생각한다.

그런데 그 힘은 어떤 힘이었나 하면, 요한 같은 사람은 말하기를, "그 힘은 하나님의 힘이다"라고 하였다. 하나님의 힘이란 또 어떤 힘인가 하면 우주만물을 창조할 수 있는 힘이다. 그래서 예수도 우주만물을 창조할 수 있는 그 힘을 받아 가지고 쓴 사람이다. 그 힘을 갖고서 바다를 보고 잠잠하라고 할 수 있고, 말 한마디로 5천 명을 먹이게 하고, 병든 사람도 바로 낫게 하는 기적을 행할 수 있었다라고 생각하면 별 문제 될 것이 없다.

그래서 요한복음 1장 1절에 나오는 것처럼, 요한은 예수의 그런 면을 보고서 예수는 보통 사람이 아니다 라고 말하게 되는 것이다. 정말 하나님과 같이 하시는 분이다라 하여 '로고스' 라고 요한 1장 1절에 말하게 되는 것이다. 예수는 하나님이 천지창조 하실 때 같이 창조하신 분이다, 라고까지 말하게 되는 것이다.

그래서 우리가 예수라는 분이 보통 사람이 아니라는 것을 알게 되면 예수의 기적에 대해 그렇게 문제될 것이 없게 된다. 예수가 천지창조를 했다고 해도 그대로 아멘이지 거부감을 느낄 것이 없게 된다. 이런 것이 소위 종교의 세계라는 것이다. 과학의 세계에서는 하나님이 우주를 창조했다는 것을 받아들이지 않는다. 누가 하나님이 우주창조 하는 것을 본 사람이 있느냐 하는 것이 과학의 세계에서 말하는 것이다.

과학은 실험과 관찰로써 증명이 되어야 하는 세계다. 사람이 말하게 된 것도 기껏해야 3만 년 정도라고 하는데 하나님이 천지창조 한 것을 본 사람이 있느냐, 라는 것이 과학의 세계에서 하는 말이다. 그러니까 과학적으로는 말할 수가 없다.

그래서 빅뱅이니 하는 과학적 추리만 하는 것이지 우주 만물의 창조는 과학적으로 말할 수 없다. 그러한 추론만 갖고서 우리가 진리라고 받아들일 수는 없다. 앞으로도 자꾸 새로운 이론이 나오겠지만 하여튼 우주 창조의 문제는 과학적으로는 해결할 수가 없다.

그런데 요즘은 과학의 맹신시대이다. 그저 누가 TV에서 무엇이 좋다고 하면 무조건 따라 하는 것이 사람들이다. 요전에는 구운 소금이 좋다, 라고 하니까 모두 구운 소금만 찾아 먹는

다. 확실하게 증명되지도 않은 사실에 대해서 사람들은 무조건 신봉하고 따른다. 과학도 철저한 검증과 전문가들의 견해를 듣고 따라야지 몇몇 사람이 선동한다고 해서 무조건 따르거나 속임을 당해서는 안 된다. 우리나라 사람들처럼 잘 속이고 속는 사람이 많은 나라도 없을 것이다. 그래서 유영모 선생은 언제나 "속을 마음, 가죽을 몸"이라는 말을 했는데, 밤낮 속고 속이다 죽고 마는, 그런 것이 인생이라는 것이다.

그러니까 좀 과학적이라고 해서 무조건 따라서도 안 된다. 요즘 이상구 박사 신드롬이란 말이 날 정도로 이상구 박사의 건강 강의가 인기인데 그것만 하더라도 여러 의학자들의 의견을 종합해서 결론을 내려야지 한 사람 의견만 무조건 따른다는 것도 문제가 있다. 그 사람의 의견에만 맹신해서 음식을 조절한다, 행동 양식을 바꾼다 하는 것도 문제가 있는 것이다. 과학적이라는 것도 정말 진리가 되기 위해서는, 넓게 보고, 깊게 행하는 지행知行의 일치가 필요하다. 물론 종교의 세계는 이런 과학의 세계는 아니다. 하나님이 우주를 창조했다는 것은 과학적으로는 생각할 수 없다. 그러니까 하나님이 우주를 창조한 것은 종교적으로 이해해야지 과학적으로 이해할 수가 없다.

다시 본문 구절로 돌아가서 11절에 "예수께서 떡을 가져 축사하신 후에"라는 구절에 "축사하신"이란 말이 '눈을 뜨는 것'이고, 앉은 사람들에게 나누어 주시고의 "나누어 주시고"가 '힘이 생기는 것'이다, 라고 생각할 수 있다.

그러니까 '빛과 힘'이라고 하는 말을 여기서도 생각할 수 있다. 그래서 믿음이라고 하는 것은 "축사를 드리신"의 '눈뜸'과 "나누어 주시고"의 '행함'이 있는 것을 말한다. 눈뜸이 진리라면, 나눔은 사랑이다. 그래서 진리와 사랑이다. 또 진리와 생명이라고 해도 좋다. 핵심은 지행知行에 있다. 이 지행이 합쳐져야 믿음이 되는 것이다.

또 13절에 보면 남긴 빵 부스러기를 모았다는 말이 나오는데, 5천 명을 먹일 수 있을 정도로 많이 만들어냈는데 왜 부스러기는 모았을까 하는 생각을 가질 수도 있다.

요즘 사람들은 싼 것은 별로 아끼려 하지 않는 경향이 있다. 그래서 쓸 만한 물건도 내다 버리는 경우가 허다하다. 미국 사람들의 소비문화를 배워서 그런지 물건을 아까워하지 않는다. 쌀 한 톨이라도 아끼고 떨어진 밥 한 알도 주워 먹을 정도로 귀중한 줄 알아야지 그냥 내버리고 낭비해서는 안 된다. 지금도 세계인구의 삼분의 일이 제대로 먹지 못한다고 하는데 좀 여유 있다고 아끼지 않고 내버린다고 한다면 사랑과 도덕하고는 상관없는 사람이 되고 만다. 내 돈 벌어 내가 쓰는데 무슨 상관이냐, 라고 말할지 모르지만 돈이란 전체의 것이고, 물질이란 전체를 위해 있는 것이라는 생각을 하여 좀 더 아끼고 절약해서 남을 도와줄 수 있게 되어야 한다.

절에서 스님들이 공양을 할 때 보면 밥 한 톨 남김없이 다 먹고 남은 그릇도 물로 부셔서 마신다. 그렇게 먹는 것의 소중함을 알 때 참된 수행이 된다는 것이다. 우리는 물 소비도 세계적이라고 한다. 물을 흥청망청 쓰는데 물도 아껴서 쓸 줄 알아야 한다. 그래서 사람이 경제적인 것과는 상관없이, 정말 인간적인 마음을 가지지 않으면 사람이라고 하기가 정말 어려운 것이다. 그래서 5천 명이 다 먹고 남은 부스러기를 버리지 않고 다시 모아 열두 바구니를 채워 필요한 곳에 썼다, 라는 것을 한번 생각해 보아야 한다.

또 마지막 15절에 예수께서 그들이 와서 자기를 억지로 붙들어 임금으로 삼으려는 줄 아시고, 다시 혼자 산으로 떠나가시니라는 말이 나오는데, 물론 예수같이 능력 있는 사람이, 왕이 된다면 흉년이 들어도 걱정이 없고 충분히 왕이 될 자격이 있다, 라고 그 당시 사람들은 생각했을 수도 있다. 그러나 경제문제를 해결한다고 해서 왕이 되는 것은 아니다. 건강한 육체만 갖고서는 안 되는 것이다. 건강한 정신을 가져야 건강한 육체가 될 수 있다. 인간의 핵심이 무엇인가 하면 건강한 정신을 가져야 한다는 것이다. 건강한 정신이 되는 데에는 특별한 투자가 필요치 않다. 가장 쉽게 되는 것이 바로 이것일 것이다. 과학을 하려면 돈이 많이 들어가야 한다. 무엇하나 개발하려면 많은 투자가 필요하다.

그런데 철학을 하는 데는 그런 돈이 필요치 않다. 철학이 있어야 과학이 있지, 철학 없이는 과학도 없다. 그래서 언제나 과학이 있기 전에 철학이 있어야 된다고 말한다. 요즈음 말로 하면 물질적인 문제를 해결하기 전에 정신적인 문제를 해결해야지, 정신적인 문제를 해결 않고서는 물질적인 문제를 해결할 수가 없다. 예수는 정신적인 문제를 해결하기 위해 온 사람이지, 물질적인 문제를 해결하러 온 사람이 아니다.

그것은 복음의 맨 처음에 나오는 것으로 예수가 마귀에게 시험 받을 때 왕이 되게 해주겠다고 했을 때, 예수가 이를 거절하는 장면이 나오는데, 왜냐하면 이 세상의 문제는 예수가 왕이 되어서 정치적으로 해결할 문제가 아니기 때문이다. 또한 경제적으로도, 문화적으로도, 종교적으로도 해결될 문제가 아니다. 이것은 인간의 근본적인 문제가 해결되어야지 근본문제가 해결되지 않으면 아무것도 해결될 수 없기 때문이다.

뿌리를 살려내야지 가지를 먼저 살려보려고 해보았댔자 될 수 없는 것이다. 뿌리가 무엇인가. 그 뿌리를 찾아 살려내자는 것, 그것이 예수가 해보려고 한 것이다. 그래서 예수는 언제나 자신은 진리의 왕이지, 이 세상의 정치적인 왕은 아니다, 라고 생각한 것이다. 이 진리의 세계라고 하는 것은 무한한 세계이다. 이것은 보편적인 세계요, 국경이 없는 세계이다. 이것은 육체만 잘 사는 것이 아니요, 전체가 잘 살자는 세계이다. 그런 의미에서 예수는 인류를 구원하러 왔다고 하는 것이다. 인류를 구원한다는 것이 무엇인가 하면 근본적인 문제를 해결한다는 것이다.

예수가 인류를 구원했다고 해서 어떤 특정한 사람들을 구원한 것이 아니다. 예수는 예수 자신을 구원한 것이다. 예수가 예수 자신을 구원할 때 인류가 구원되는 것이다. 그런 의미에서 '하나'를 해결한 것이지, '다'를 해결한 것이 아니다. 그러나 하나를 해결하는 것이 곧 다를 해결하는 것이 되는 것이다. 내가 여러분들에게 얘기할 때도 내가 아는 얘기를 한다. 내가 알면 여러분들도 다 알게 되는 것이다. 그래서 언제나 제일 중요한 것은 자기이지, 자기를 떠나서 다른 것은 있을 수 없다. 그러니까 자기가 자기의 왕이 될 때 온 인류의 왕이 되는 것이다. 자기가 자기에게 왕이 되지 못하고서 세상의 왕이 되어본들 무엇하겠는가. 노태우나 전두환처럼 세상의 왕이 되었다고 해도 무슨 소용이 있겠는가. 자기가 자기에게 왕이 될 수 있을 때, 자기가 자기를 지배할 수 있을 때, 그것이 가치가 있는 것이다.

십자가를 졌다는 말이 곧 자기가 자기를 지배했다는 말이다. 십자가를 진 것은 예수 자신이 스스로 진 것이지, 남이 지게 한 것이 아니다. 얼마든지 피할 수 있었지만 예수 자신이 진 것이다. 소크라테스가 독배를 마신 것도 자기가 마신 것이다. 마찬가지로 예수가 죽게 되는 것도 자기가 선택한 것이다. 스스로 십자가를 진 것이다. 그러니까 예수는 왕이 되는 것이다. 자기가 자기를 이겨냈으니까 왕이 되는 것이다. 자기를 이기지 못했다면 왕이 될 수 없다. 예수는 자기를 이겨내려고 했지 그 당시의 문제를 해결하려고 한 사람은 아니다. 그래서 바울은 언제나 십자가만 말하지 다른 것은 말하지 않는다. 그것이 바로 복음이다.

또 5절에는 예수께서 많은 사람들을 먹이기 위해 어떻게 하면 좋겠느냐 하고 제자들에게 묻는 것이 나온다. 이 질문에 대해 물론 제자들은 많은 의견을 갖고 있었겠지만 예수께서는 다 먹일 생각을 했다는 것을 알 수 있다. 우리는 이런 문제가 생기면 각자에게 책임을 돌리고 마는데, 그것이 소위 정치라는 것인데, 어떻게 해서든지 그 사람의 문제를 해결해주려고 애쓰는 것, 그것이 또 종교라 할 수 있다.

그리고 또 하나는 제자들이 먼저 먹는 문제를 들고 나왔다는 것인데, 그곳에 모인 사람들은 밥 얻어먹기 위해 모인 사람들이 아니고, 예수 또한 그 사람들을 밥 먹게 해 줄 책임은 없다. 만일 제자들이 아무 말 없었다면 그곳에 모인 사람들은 계속해서 밤을 새워 가면서 예수의 말을 들었을 것이고, 예수는 밤새워 하늘나라의 복음을 전했을 것이다. 그렇게 하고 끝이 났다면 아무런 일도 없을 터인데, 제자들이 밥 먹는 문제를 들고 나와서 이러한 기적이 일어나게 된 것이다.

이렇게 여러 가지를 생각해볼 수 있겠지만 오늘 배운 구절 중 제일 중요한 것은, 예수는 이 세상의 문제를 해결하려고 하지 않고, 하늘의 문제를 해결하려고 했다는 것이다. 하늘의 문제가 해결될 때 세상의 문제도 해결될 수 있는 것이다. 그러므로 예수는 하늘나라의 왕이지, 세상나라의 왕은 아니다.

기 도

사랑하는 하나님,
오늘도 아름다운 자연 속에서 기쁨을 가지고
하루를 살 수 있는 저희들을 허락해주신 데 대해서
진심으로 감사를 드립니다.

우리가 언제나 하나님의 것임을 생각하게 하시고
또 저희 속에 하나님이 항상 계심을 믿게 하시고
우리가 언제나 우리의 최선을 다해서
하나님의 사랑을 의지하여 하나님께 충성을 다할 수 있는
저희들이 될 수 있도록 도와주시옵소서.

비록 주님께서 저희들에게 언제나
십자가를 지고 따르라는 그 말씀이 있지마는,
우리가 각각 자기의 처지에 따라서
자기의 십자가를 지고 자기의 의지를 다하여
충성심 있게 살아가는
저희들이 될 수 있도록 인도하여 주시옵소서.

이 시간에도 당신의 거룩하신 성령이 같이 하셔서
저희들의 마음을 받아 주시고
우리들의 연약한 마음에 힘을 주셔서
우리가 당신의 진리를 깨닫고 당신의 명령대로 살아가는
저희들이 될 수 있도록 도와주시옵소서.

예수님의 이름 받들어 기도하옵니다.
아멘.

20. 자유의 체득

1993년 9월 26일

요한 6:16~21

저물매 제자들이 바다에 내려가서
배를 타고 바다를 건너
가버나움으로 가는데 이미 어두웠고,
예수는 아직 그들에게 오시지 아니하셨더니
큰 바람이 불어 파도가 일어나더라.
제자들이 노를 저어
십여 리(이십오에서 삼십 스타디아)[1]쯤 가다가
예수께서 바다 위로 걸어
배에 가까이 오심을 보고 두려워하거늘
이르시되 내니 두려워하지 말라 하신대
이에 기뻐서 배로 영접하니
배는 곧 그들이 가려던 땅에 이르렀더라.

1. 고병려, 『요한 문학』 약주/신약성서 시리즈 종울림총서 4, 서울: 종로서적, 1987. p. 23

여기서 이십오 내지 삼십 스타디아는 약 10리에서 15리 거리를 말한다.

이 내용의 이야기는 마태나 마가복음에도 나온다. 마태복음 14장에 보면 여기보다 좀 더 자세한 기록이 나온다. 베드로가 물위로 예수께 걸어 가다가 무서워 물에 빠지게 되어 예수께서 손을 내밀어 붙잡아 주셨다는 것이 나오는데 이 이야기는 누가복음에만 없지 마태, 마가, 요한에는 다 나오는 얘기이다.

그런데 어떻게 물위를 걸어갔을까 하는 것이 의문이다. 물론 기적이라고 생각하면 간단하다. 결국 사람과 자연하고의 관계를 말하는 것인데, 이러한 이야기는 성경에만 나오는 것은 아니다.

인도에도 이런 이야기가 종종 나온다. 샹카라(Sankara)라는 사람인데 8세기 때 인도 사람으로 널리 알려진 요가를 잘하는 요기였다. 인도에서는 이 요가라는 것이 몇 천 년 동안 계속 발달되어 왔다고 한다. 샹카라는 이 요가의 대가 중 한 사람이며, 인도 고전을 잘 해석하여 남긴 저자로도 유명한 사람이다. 인도에서는 샹카라라고 하면 누구나 알 정도로 유명한 사람으로 32살에 죽은 것으로 되어 있다.

그런데 이 샹카라가 많은 사람들이 보는 앞에서 물위를 걸어갔다고 한다. 이 요가 하는 사람들은 '하늘을 난다'는 표현을 하는데 어떻게 해서 하늘을 날 수 있는지 그것도 의문이다. 마술 하는 것을 보면 사람을 공중에 띄우는 장면이 나오는데 속임수라고 사람들은 말하지만 정말 신기하게 생각될 때도 있다. 그래서 세상에는 우리가 알지 못하는 것이 참 많다는 생각이 든다.

특별히 요가라는 것을 보면 그런 생각을 많이 하게 되며 또 중국의 도교 계통의 사람들에게서도 그런 신기한 것들을 많이 보게 된다. 도교에서는 수련을 통해 신선神仙이 된다고 하는데 신선이 된다는 것이 하늘을 날아다닌다는 것이다. 우화이등선羽化而登仙이란 말을 하는데 새처럼 날개가 생겨서 하늘을 날 수 있다는 말이다.

플라톤의 글에 보면 사람이 자꾸 깊이 연구를 하면 날개가 돋친다는 말이 나온다. 희랍 신화에 보면 날개 달린 말에 대해서 나오는 것을 볼 수 있다. 또 신라 시대에는 천마라는 것이 나오는데, 경주에 가보면 천마총이라는 것이 있고, 여기서는 구름을 타고 다니는 말이 나온다. 그래서 옛날에는 날개를 달고 날아다니는 것이 인간의 꿈이었다. 요즘은 비행기가 있어 전부 비행기를 타고 날지만, 옛날에는 수천 년 간이나 날 수 있는 방법을, 날개를 달고 날려고 생각했던 것 같다.

왜 그런 생각을 하는지 모르지만 우리가 꿈을 꿀 때 날아다니는 꿈을 꾸는 경우가 많다. 그래서 장자莊子에도 날아다니는 꿈 이야기가 나온다. 내가 본래 나비였는지, 나비가 사람이 된 것인지, 사람이 나비가 된 것인지 잘 모르겠다는 내용이다.

또 우리가 죽으면 천사처럼 날아다닐 것이다, 라고 생각하기도 한다. 사람에게는 이렇게 날아다닌다는 생각이 누구나 보편적으로 갖고 있다고 생각할 수 있다. 이런 사상이 학문적으로 차츰차츰 정착이 된 것이 자유自由라는 사상이 아니겠는가. 자유라는 것이 결국 같은 뜻이라고 생각할 수 있다. 날아다니는 것처럼 자유스럽게 되고 싶다는 말이다. 벌레처럼 벌벌 기어다니는 것이 아니라 나비처럼 훨훨 날아다니고 싶다는 말이다. 이런 생각은 누구나 다 해보는 것이다. 그래서 이 자유라고 하는 생각을 인간에게서 뽑아 버릴 수가 없다. 그러므로 인간의 본질을 자유라고 한다.

그런데 이 자연에는, 과학의 세계는 자연의 세계라고 하며 그것은 인과因果의 세계인데, 자유라는 것이 없다. 본래 과학의 세계는 인간의 수단이 될지언정 목적이 될 수 없다고 하는데, 왜 그런가 하면 인간의 목적은 자유인데 과학 속에는 자유라는 것이 없기 때문이다. 과학의 세계에는 자연뿐이다. 인간이 과학이라고 하는 수단을 이용하여 자유라고 하는 인간의 목적을 달성하기 위하여 만들어 놓은 것이 비행기라고 할 수 있다.

그래서 자유라고 하는 것이 인간의 목적이다. 자유라는 것이 인간에게 없다면 인간이 될 수 없다. 자유라는 것이 인간의 본질이라고 보아야 하겠다. 그래서 인간이 자꾸 자유를 찾으려고 하는 것이다. 요즘은 우리가 도구로써 자유를 만들어 가고 있지만 옛날에는 도구가 발달되지 못했으니까 도덕을 가지고 자유를 만들려고 했다. 요새는 비행기를 타고 날아다니지만 옛날 사람들은 비행기를 타고 나르는 것이 아니라 자기가 자기를 타고 날아다니려고 했다고 생각할 수 있다. 그래서 날아다닌다, 라고 하여 기체氣體라는 말을 한다.

선생님은 날아다니는 사람이라고 하여 선생님 기체후氣體候 일향만강一向萬康 하십니까, 라는 말을 자주 쓴다. 선생이란 말이 바로 학생들에 비해 좀 더 많은 자유를 누리는 사람이란 뜻이 아니겠는가. 나는 영어를 한마디도 못하는데 영어 선생님은 영어를 자유롭게 구사할 수 있다는 말을 한다. 선생과 나의 차이는 선생은 자유를 가졌고, 나는 자유를 갖지 못했다는 차이다. 그러니까 자유를 가졌다는 말은 선생이 된다는 말이다.

학생과 선생과의 다른 점은 선先 생生이다. 선先이란 생生을 초월했다는 말이다. 그래서 자유를 얻은 사람이 선생이고, 옛날에는 이것을 도道가 통한 사람이라고 했다. 옛날 사람들은 이 도라는 말을 많이 했는데 도라는 것이 또 자유를 획득하는 방법이라고 할 수 있다. 인도에서는 이 자유를 얻는 방법을 요가라고 한다. 요가란 말이 동양식으로 번역하면 도道라는 말이다. 그래서 이 도를 통하는 방법이 무엇인가가 문제가 되는 것이다.

석가 시대에 불교만큼이나 세력이 큰 종교가 있었는데 그것은 자이나교로서 불교의 개조가 석가모니라면 자이나교의 개조는 마하비라라는 사람이다. 마하비라라는 말의 뜻이 '이긴 사람(승자勝者)' 이라는 것으로, 불교로 말하면 마하반야라는 것과 마찬가지로 볼 수 있다. 지금도 인도에는 자이나교가 존속되고 있다. 그런데 이 자이나교하고 불교하고의 차이가 무엇인가 하면 자이나교는 고행苦行이라는 것을 주장했고, 불교는 참선이라는 것을 주장했다는 것이다.

이 참선이라는 것도 요가의 하나라고 할 수 있다. 요가라는 것이 자기 수련의 방법인데 참선을 주된 방법으로 삼는다. 참선이라는 것은 몸을 곧게 하여 심호흡을 깊이하고 천천히 호흡해 나가서 피 순환을 느리게 함으로써 나중에는 거의 의식이 없는 지경까지 도달하는 것이다. 그래서 결국에는 마음이 평정되고 거울처럼 맑아져서 그때 그림자가 비치게 되는데 아름다운 것이 오면 아름답게, 추한 것이 오면 추하게 비치게 되는 것이다. 다시 말해서 순만사順萬事이다. 그런데 무정無情이다.

그래서 선정禪定의 마지막이 되면 지혜가 되고, 지혜가 되면 그 기氣에서 힘이 나오게 된다. 빛에서 힘이 나오는 것이다. 언제나 내가 말하지만 지행知行은 항상 같이 있는 것이다. 지가 있는 곳에는 행이 있고, 행이 있는 곳에는 지가 있다. 이 둘은 절대 갈라놓을 수가 없다. 반야심경般若心經에 보면 관자재

觀自在이다. 관觀이 있으면 반드시 자재自在가 있다. 행심行深이 있으면 반드시 반야般若가 있다. 언제나 둘이 함께 있다. 색즉시공色卽是空이고, 공즉시색空卽是色이다. 무지무득無智無得이고, 무가애고無罣碍苦 무유공포無有恐怖이다.

언제나 이렇게 둘이 함께 한다. 그러므로 지知와 행行이 일치하는 것에 요가의 묘미가 있다. 석가가 이 요가에서 따와서 불교의 참선이라는 것을 만든 것이다.

그런데 참선을 자꾸 오래 동안 하면 어떻게 되나. 나는 참선을 잘 모르지만 우리 선생님(유영모柳永模)을 보니까 참선을 많이 했는데, 참선이 다른 게 아니라 정좌正坐를 하고 앉아서 심호흡을 깊이 해나가는 것인데, 눈은 코끝을 통해 배꼽 밑 부근인 단전을 응시해 나가는데 결국은 어떻게 되나하면 아랫배가 축구공처럼 되어 기운의 바다(기해氣海)가 되는 것이다. 그래서 성단成丹이 되었다, 라는 말을 하는데 아랫배에 기운이 모이기 시작하는 것이다. 그래서 선생님의 아랫배를 쳐보면 축구공처럼 탄력이 있었다. 몸의 다른 부분은 아주 연약하고 제대로 발육이 안 된 것처럼 빈약하지만 배 부분만은 축구공처럼 튼튼하고 힘이 있었다. 그래서 무릎을 굴하고 앉아(위좌危坐) 있으면 10시간도 좋고, 전혀 힘들지 않게 오랜 시간을 앉아 있으시곤 했다.

선생님께서 말씀하시기를, 나는 배를 타고 있다고 하셨다. 그러시고는 인천에도 설교하시러 걸어 다녀오시고, 개성도 하루

만에 걸어갔다 오셨다. 인천 다녀오신 다음날 같이 백운대에 오르게 되었는데, 맨 앞장서서 산을 오르시는데 펄펄 날아올라 가는 것 같았다. 마치 신선이 날아오르는 듯하였다. 산을 올랐다가 내려와서는 모두 다 지쳐 있었는데 선생님만 전혀 아무렇지도 않은 모습이었다. 피곤한 것을 일체 모르시는 분 같았다. 그러니까 선생님은 기체였다. 힘 덩어리로 가득 찬 분이었다.

유영모 선생이 그 정도라면 예수 같으면 충분히 물위를 걸어가지 않았을까, 라는 생각을 해본다. 예수는 유영모보다 훨씬 더 기운찬 사람이었을 것이다. 샹카라도 물위를 걸어갔다고 하는데 예수가 물위를 걷는 것은 문제될 것이 없었을 것이다. 하여튼 인간이 자연을 지배할 수 있는 능력이 어디선가 생길 수 있다는 생각이 든다.

이것이 자유라고 하는 것이다. 도구를 통하여 얻든지, 도덕을 통하여 얻든지, 자유롭게 될 수 있는 경지가 될 수 있다고 본다. 특별히 예술 하는 사람들을 보면 더욱 그런 생각이 든다. 그림을 그리거나, 조각을 하거나, 피아노나 바이올린을 하는 사람들을 보면 정말 어떤 자유의 경지를 느끼게 만든다. 연주회를 가보면 달인達人의 경지에 오른 연주가들의 연주를 보면 마치 신이 오른 것 같다는 생각을 하지 않을 수 없다.

내가 난곡 선생에게 붓글씨를 배울 때 보면 어떤 때는 정말 신이 나서 쓸 경우도 있는데 자기가 자기 글씨를 보고서도 이

만하면 됐다, 라는 느낌을 갖게 된다. 그런 느낌이 들 때는 내가 쓴 것이 아니라 신이 썼다, 라는 생각이 든다. 그런 경지까지 가야 무엇인가 되는데, 그것이 소위 무위자연이라고 하는 것이 아니겠는가. 신이 쓴 것이라야 명필이 되는 것이다. 국전 같은 곳에 작품을 내 놓은 것을 보면 수많은 작품이 나와 있지만 난곡 선생의 작품을 따라 갈만한 것이 없다. 신이 쓴 것이니 그럴 수밖에 없는 것이다.

예수도 신이 통했다고 하면 물위를 걸어 갈 수 있지 못 걸어갈 것은 없다. 하여튼 인간에게는 무엇인지 모르지만 인간 이상의 능력을 나타낼 수가 있다. 그것이 곧 신의 능력이 아니겠는가. 그러한 능력의 본질이 곧 신이라고 할 수 있으며, 그러한 신이 있다면 역시 우주도 창조할 수 있고 자연도 지배할 수 있지 않겠는가.

그러니까 예수에게도 신이 통할 때 5천 명을 먹이는 기적도 일으킬 수 있고, 바다 위를 걸어갈 수도 있게 된다라고 생각한다. 그런, 그 자연을 넘어선 세계, 그것을 자유라고 한다. 여러분이나 나나 조금씩은 자유를 경험하고 살고 있다고 생각할 수 있다.

영어를 잘 한다든지 자기 전공에 대해 자신있게 할 수 있는 것을 보면 그런 경지를 조금씩 느낄 수 있다. 무엇이든지 잘 한다고 할 때 우리가 보통 도통했다고 그러는데, 예수도 한참 말하다가 이제 지금 한 말은 내가 한 말이 아니라 하나님께서 하신 말이다, 라고 할 때도 있는데 그런 순간에 예수도 신이 통한 것이 아니겠는가.

난곡 선생이 글씨를 쓰고는 이것은 내가 쓴 것이 아니라 신이 쓴 것이다, 라 할 때가 있는 것처럼 인간에게는 무엇인지 모르지만 그럴 때가 있다. 신이 통한다고 그럴 때 우리가 자유라고 하는 것이 아니겠는가. 우리가 해탈이라고도 하는데, 자연을 벗어난다는 것으로, 사람에게는 자연을 벗어날 수 있는 그런 능력을 가지고 있다.

그러니까 어떻게 하면 자연을 벗어나서 자유로 갈 수 있는가, 이것이 문제이다. 그것을 파라밀다波羅密多라 하는데 파라밀이란 건너간다는 뜻으로 어디서부터 어디로 건너가나 하면 자연으로부터 자유로 건너가는 것이다. 그래서 불경 가운데 이 마하반야파라밀다심경摩訶般若波羅蜜多心經은 260자로 되어 있는데 불교의 핵심을 말한 가장 짧은 경전이다. 결국 파라밀이란 자유의 체득을 말하는 것이다. 불교의 해탈이라는 것이 바로 그것이다. 공空의 세계를 얻는다는 것이 자유를 얻는 것이다. 그것이 불교에서도 가장 핵심적인 내용이 된다.

그런데 그것은 지知만 가지고는 안 된다. 반드시 행行이라고 하는 것도 같이 들어가야 한다. 그래서 도道라고 하는 글자는 머리(수首)라는 글자와 다리(족足)라는 글자가 합쳐진 글자로 바로 지知와 행行을 합친 글자라고 할 수 있다.

도를 통하기 위해 제일 많이 하는 것이 참선인데 참선이라는 것은 자기가 자기를 극복하는 것이다. 다시 말해서 자기가 자기를 찾는 것이다. 아까 배를 탄다고 했는데 누구 배를 타겠는가. 자기의 배를 타는 것이다. 자기가 자기의 배를 타는 것이다. 자승自乘이다. 자기가 자기를 극복하는 것, 그것을 칸트는 자율이란 말을 썼다. 자율에서부터 자유가 나오지 어디서부터 자유가 나오겠는가.

파라밀다라는 것이 하나의 도이다. 도라고 하는 것이 무엇인가 하면 쉽게 말하여 자기 수련을 말한다. 요가란 말도 수련이란 말이다. 자기를 자꾸 수련해 가지고 자유로운 경지까지 몰고 가는 것이다. 그것이 바로 해탈이다. 예수는 어떻게 자기 수련을 했는지 모르지만 예수 나름대로의 굉장한 노력이 있었을 것이다. 그래서 결국은 자연을 극복할 수 있는 능력까지 갖게 되었는지도 모른다.

기 도

감사하신 하나님, 오늘은 온 국민이
우리 조국을 한번 되돌아보는 그런 날입니다.
오랜 동안 우리가 제대로 살지 못하고
언제나 남에게 의지하면서 지금까지 살아 왔습니다.

하나님께서 이 백성을 불쌍히 여기시어
우리의 정신을 깨우쳐 주셔서
국민 한 사람 한 사람이 독립할 수 있게 하여 주시고
또 독립된 한 사람 한 사람이 합쳐서
이 나라가 독립할 수 있는 아름다운 역사를
우리에게 허락하여 주시옵소서.
그리하여 남쪽도 바로 서고 북쪽도 바로 서서
독립 속에서 통일할 수 있는 그런 길을 열어 주시옵소서.

우리나라가 통일된 독립을 가지고
새로운 높은 문화를 창조하여
온 세계에 이바지하는 참 나라가 될 수 있도록
당신께서 도와주시옵소서.
그래서 우리나라가 당신의 뜻을 이루기 위해 쓰이는
소중한 역사를 가질 수 있도록 도와주시옵소서.
그런 역사를 만들기 위해서
우리 온 국민이 정신을 차리는
그런 나라가 될 수 있도록 도와주시옵소서.
이 모든 말씀
예수님의 공로 받들어 기도하옵니다.
아멘.

21. 예수를 찾는 이유

1993년 10월 3일

요한 6:22~59

이튿날 바다 건너편에 서 있던 무리가
배 한 척 외에 다른 배가 거기 없는 것과
또 어제 예수께서 제자들과 함께
그 배에 오르지 아니하시고
제자들만 가는 것을 보았더니
(그러나 디베랴에서 배들이 주께서 축사하신 후
여럿이 떡 먹던 그 곳에 가까이 왔더라.)

갈릴리 호수는 폭이 약 30리에 길이가 약 50리 가까이 되는 큰 호수다. 전번 시간에 예수께서 디베랴라는 도시의 건너편인 호수 동편의 산에서 5천 명에게 빵을 나누어주는 기적을 행한 이야기를 공부했는데 여기 호수 건너편은 바로 호수 동편 언덕을 말한다. 몇 척의 작은 배들이 호수 서편에 위치한 도시인 디베랴로부터 예수를 만나기 위해 호수 동편으로 다가왔다.

무리가 거기에 예수도 안 계시고
제자들도 없음을 보고
곧 배들을 타고 예수를 찾으러
가버나움으로 가서

예수를 갈릴리 호수 동편에서 찾던 무리들이 예수와 제자들이 그곳에 없음을 알아차리고, 다시 배를 타고 호수 서북쪽에 위치한 가버나움으로 예수를 찾아 나섰다. 가버나움은 예수가 주로 활동했던 곳으로 그곳에서 많은 설교도 하고, 병도 고쳐 주었다.

바다 건너편에서 만나
랍비여 언제 여기 오셨나이까 하니,
예수께서 대답하여 이르시되
내가 진실로 진실로 너희에게 이르노니
너희가 나를 찾는 것은 표적을 본 까닭이 아니요
떡을 먹고 배부른 까닭이로다.

무리들이 가버나움에서 예수를 찾아 만나게 되었는데, 예수께서는 그들에게 말하기를, 당신들은 나 자신을 보았기 때문에 나를 찾는 것이 아니요, 빵을 위해 나를 찾는 것이 아니냐, 라고 하셨다.

썩을 양식을 위하여 일하지 말고
영생하도록 있는 양식을 위하여 하라.
이 양식은 인자가 너희에게 주리니,

그러니까 먹는 문제에 자꾸 집착하지 말고, 다시 말해 껍데기에 자꾸 집착하지 말고 자기 자신을 위해서, 자신의 정신을 위해서 애쓰라는 말이다.

인자는 아버지 하나님께서 인 치신 자니라.

나 자신이야말로 아버지 하나님께서 믿어 주시기 때문이다. 하나님께서 나를 믿어 주시는 것이다. 우리는 자꾸 하나님을 믿는다, 라고 하는데 결국 믿음이라는 것은 언제 해결이 되나 하면 내가 하나님을 믿는 것이 아니라 하나님이 나를 믿게 되어야 믿음이 해결되는 것이다. 그러니까 예수가 하나님을 믿는 것이 아니라 하나님이 예수를 믿는 것이다. 그래서 하나님께서 인을 찍어 증명하셨다는 말이다.

그들이 묻되 우리가 어떻게 하여야
하나님의 일을 하오리이까.
예수께서 대답하여 이르시되
하나님께서 보내신 이를 믿는 것이
하나님의 일이니라 하시니,

하나님께서 우리에 대해서 원하시는 일은 다른 것은 아무것도 없다. 결국 내가, 내가 되라는 것, 그것뿐이다. 하나님이 우리에게 바라시는 일은 하나님에 대해 알라는 것도 아니요, 내가, 내가 되는 것, 그것뿐이다. 또 그것이 바로 인간의 할 일이다.

양명陽明이 말하는 치양지致良知, 그것뿐이다. 그래서 사람 되는 것, 그것밖에 없다. 내가, 내가 된 사람이 예수다. 그것이 하나님의 아들이다. 그러니까 하나님께서 보내신 아들에는 두 가지 뜻이 있다. 하나는 나 자신이 되는 것이라는 뜻이다. 또 하나는 하나님의 아들, 예수라는 뜻이다. 예수를 믿는 것이다. 왜냐하면 예수는 자기가 된 사람이기 때문이다. 그러니까 그 예수를 믿는 것, 그것이 할 일이다, 란 말이다.

그들이 묻되
그러면 우리가 보고 당신을 믿도록
행하시는 표적이 무엇이니이까.

이 사람들은 말귀를 못 알아듣고 자꾸 엉뚱한 소리만 한다. 내가, 내가 되어야 한다는 말에 예수보고 자꾸 기적을 행하라는 요구를 한다.

하시는 일이 무엇이니이까.
기록된 바,
하늘에서 그들에게 떡을 주어,

먹게 하였다 함과 같이
우리 조상들은 광야에서 만나를 먹었나이다.
예수께서 이르시되
내가 진실로, 진실로 너희에게 이르노니
모세가 너희에게 하늘로부터 떡을 준 것이 아니라
내 아버지께서 너희에게 하늘로부터 참 떡을 주시나니,

만나라고 하는 것도 하나님께서 주신 것이지 모세가 준 것이 아니라는 말이다.

하나님의 떡은 하늘에서 내려
세상에 생명을 주는 것이니라.

하늘에서 주시는 생명의 떡은 바로 나라는 말이다.

그들이 이르되
주여, 이 떡을 항상 우리에게 주소서.
예수께서 이르시되 나는 생명의 떡이니,

여기 질문하고 있는 사람들은 도무지 예수의 말뜻을 분간하지 못하고 있다. 내가 생명의 떡이다. 나 자신을 자각한 예수가 생명의 떡이다.

내게 오는 자는 결코 주리지 아니할 터이요,
나를 믿는 자는 영원히 목마르지 아니하리라.

자기 자신을 발견한 사람은 언제나 만족하지 불만이 없다. 자기를 발견하고 자기대로 사는 사람은 아무런 부족함을 느끼지 않을 것이다.

그러나 내가 너희에게 이르기를
너희는 나를 보고도 믿지 아니하는도다 하였느니라.

나를 제대로 본 사람도 믿지 않는다는 말이다.

아버지께서 내게 주시는 자는 다 내게로 올 것이요,
내게 오는 자는 내가 결코 내쫓지 아니하리라.

그러나 그 가운데에는 자기(예수)를 이해하는 사람들도 있다. 나는 그 사람들을 절대 내어보내지 않는다는 말이다.

내가 하늘에서 내려온 것은
내 뜻을 행하려 함이 아니요
나를 보내신 이의 뜻을 행하려 함이니라.

나의 생각과 행동은 천리天理와 일치하는 것이지, 내 마음대로 하는 것은 아니다. 나는 하나님의 뜻을 이루려고 사는 사람이다.

나를 보내신 이의 뜻은

내게 주신 자 중에 내가 하나도 잃어버리지 아니하고
마지막 날에 다시 살리는 이것이니라.

나에게 주신 사람, 곧 제자들을 하나도 잃지 않고 모두 부활시키는 일이 하나님의 뜻이다.

내 아버지의 뜻은 아들을 보고 믿는 자마다
영생을 얻는 이것이니
마지막 날에 내가 이를 다시 살리리라 하시니라.

자기(예수)를 보고, 그리스도를 믿는 사람은 영원한 생명, 곧 참 자아를 갖게 되며, 나 자신이 마지막 종말에 가서 한 사람도 빠짐없이 제자들을 다 부활시켜 영원한 생명을 갖도록 하겠으며 그것이 또한 아버지의 뜻이다, 란 말이다.

자기가 하늘에서 내려온 떡이라 하시므로
유대인들이 예수에 대하여 수군거려,

예수는 누구인가. 하늘에서 내려온 떡이다. 예수는 하늘에서 온 사람이다, 란 말이다.

이르되, 이는 요셉의 아들 예수가 아니냐.
그 부모를 우리가 아는데
자기가 지금 어찌하여 하늘에서 내려왔다 하느냐.

물론 우리도 다 아버지 어머니로부터 나온 것은 사실이다. 그러나 얼마쯤 크게 되면, 아버지 어머니가 합쳐서 하나의 어머니가 되고 진짜 아버지가 생기게 된다, 라고 생각할 수 있다. 그것을 우리가 하나님 아버지라고 하는 것이다. 그래서 진짜 아버지가 또 하나 생긴 것을 기독교에서는 거듭났다라고 하는 것이다. 그러니까 육체의 아버지를 말할 때는 아직도 자연인自然人일 때이고, 진짜 아버지를 발견하여 거듭나야 자유인自由人이 되는 것이다. 자연인을 한 번 넘어서야 자유인이 되지, 넘어서지 못하면 자유인이라고 할 수 없다. 그렇게 되어야 내가 된다. 진짜 나라고 할 수 있게 된다. 그렇지 않으면 진짜 나라고 할 수가 없다.

예수께서 대답하여 이르시되
너희는 서로 수군거리지 말라.
나를 보내신 아버지께서 이끌지 아니하시면
아무도 내게 올 수 없으니,

내가 하나님의 아들이라는 것을 아는 사람은 내게로 올 것이며 그것을 모르는 사람은 내게로 올 수가 없다.

오는 그를 내가 마지막 날에 다시 살리리라.

하나님 아버지를 모신 사람은 끝날에 모두 부활할 것이다.

선지자의 글에
그들이 다 하나님의 가르치심을
받으리라 기록되었은즉,

그때가 되면 하나님을 직접 대면할 수 있을 것이다.

아버지께 듣고 배운 사람마다
내게로 오느니라.

하나님 아버지께 친히 배운 사람들이 있다. 그런 사람들이 하나님의 아들이다. 예수는 하나님께 친히 배우니까 하나님의 아들이다, 라고 하는 것이다.

이는 아버지를 본 자가 있다는 것이 아니니라.
오직 하나님에게서 온 자만 아버지를 보았느니라.

아무도 하나님을 본 자가 없지만 예수는 하나님을 보았다는 말이다.

진실로 진실로 너희에게 이르노니
믿는 자는 영생을 가졌나니

자기가 하나님의 아들이라고 알고 믿는 사람은 영원한 생명이다.

내가
곧 생명의 떡이니라.

나는 영원한 생명이다.

너희 조상들은
광야에서 만나를 먹었어도 죽었거니와
이는 하늘에서 내려오는 떡이니
사람으로 하여금 먹고 죽지 아니하게 하는 것이니라.

누구든지 나를 먹으면 그 사람도 또 하나님의 아들이 된다. 그래서 영원한 생명이 되는 것이다.

나는 하늘에서 내려온
살아 있는 떡이니

이것이 요한복음에서 늘 말하는 말씀이 육신이 되었다는 말이다. 그것을 다시, 말씀이 떡이 되어 내려온 것이다, 라고 하였다.

사람이 이 떡을 먹으면 영생하리라.
내가 줄 떡은 곧 세상의 생명을 위한
내 살이니라 하시니라.

이 떡을 먹으면 영생이 된다. 내 살이 곧 영생의 떡이다.

그러므로 유대인들이 서로 다투어 이르되
이 사람이 어찌 능히
자기 살을 우리에게 주어, 먹게 하겠느냐.
예수께서 이르시되
내가 진실로, 진실로 너희에게 이르노니
인자의 살을 먹지 아니하고
인자의 피를 마시지 아니하면
너희 속에 생명이 없느니라.
내 살을 먹고 내 피를 마시는 자는 영생을 가졌고
마지막 날에 내가 그를 다시 살리리니
내 살은 참된 양식이요,
내 피는 참된 음료로다.
내 살을 먹고 내 피를 마시는 자는
내 안에 거하고, 나도 그의 안에 거하나니
살아 계신 아버지께서 나를 보내시매
내가 아버지로 말미암아 사는 것 같이
나를 먹는 그 사람도 나로 말미암아 살리라.
이것은 하늘에서 내려온 떡이니
조상들이 먹고도 죽은 그것과 같지 아니하여
이 떡을 먹는 자는 영원히 살리라.
이 말씀은 예수께서 가버나움 회당에서
가르치실 때에 하셨느니라.

믿음이란 무엇인가. 이 떡을 먹는 것, 그것이 믿음이다. 여기서는 그렇게 말하고 있다. 그래서 이 떡을 먹는 사람은, 멸망하지 않고 영생을 얻는다. 떡을 먹는 것, 여기서 떡이란 물론 선생이란 말이다. 나는 하늘에서 내려온 떡이다, 라는 말은, 결국 나는 하늘에서 내려온 선생이다, 라는 말이다. 하나님의 뜻을 전하는 선생이란 말이다. 이 선생을 잡아먹으라는 것이다.

요전에도 한번 말했던, 춘풍취태고春風吹太古 불조산하무구탄실佛祖山河無口呑悉이란 말이 있다. 우리나라의 고려 시대에 보조普祖, 보우普愚라는 두 분의 큰스님이 있었는데, 조계사는 조계종인 보조의 계통이고, 봉원사는 태고종인 보우의 계통으로, 태고太古란 말은 곧 영원한 생명이란 뜻이다. 춘풍春風은 봄바람이란 말인데, 이 말이 가장 중요한 말이다. 바람을 본다는 뜻으로 바람소리를 듣는 것이 아니고, 바람을 보아야 '봄바람'이 되는 것이다. 우리가 관음觀音이라는 말을 하는데, 이것도 소리를 보게 된다는 말이며, 복음福音이란 말도 본다는 것으로 생각할 수 있고 그래야 기쁜 소식이 되는 것이다.

소리를 보게 되어야 봄바람이다. 바람을 보게 되어야 취태고吹太古이다. 영원한 생명을 갖게 된다는 말이다. 춘풍취태고春風吹太古이다. 정말 멋있는 말이다. 봄바람이 영원히 불어온다.

그다음에 나오는 불조佛祖에서 불佛은 인도에서 말하는 선생님이고, 조祖는 중국에서 말하는 선생님이다. 달마대사는 중국 불교의 초조初祖이며 석가모니는 불佛이라고 한다. 그러니까 둘이 다 선생님을 말한다. 산하山河는 산과 강으로 자연과 우주를 가리킨다. 무구탄실無口呑悉은 입 없이 통째로 먹어 치운다는 말로서, 오늘 배운 "나는 하늘에서 내려온 떡이니 먹어라"는 말과 같은 뜻이다.

살모사殺母蛇라는 독사뱀은 새끼가 어미를 잡아먹는 뱀이란 뜻이고, 거미도 알에서 깨어난 새끼가 어미를 잡아먹는다고 하는데, 예수님 말처럼 사양할 것 없이 내 살을 먹고 내 피를 마시라는 말이다. 선생님을 통째로 잡아먹으라는 말이다. 그래야 영원한 생명이 되는 것이다. 여기서 믿음이란 말은 먹음과 같은 뜻이 되고 만다. 예수를 믿는다는 말은 예수를 먹는다는 말이다. 통째로 잡아먹어야 영원한 생명이다. 선생을 못 잡아먹으면 영원한 생명이라고 할 수 없다. 그래서 내가 몇 번씩 말했지만 제일 중요한 것은 선생을 만나는 것이다. 오늘 배운 구절 중에도 나오는데, 하나님께서 보내신 이를 믿는 것이 곧 하나님의 일이다, 라는 것이 곧 선생을 만나라는 말이다.

인생에서 가장 중요한 일이 무엇인가 하면 선생을 만나는 것이다. 하나님께서 보내신 이가 선생이다. 그 선생을 믿이 나가는 일, 그것이 하나님의 뜻을 행하는 일이다. 그것이 인생에서 가장 중요하다. 선생을 만나는 일, 그것보다 더 중요한 것은 없다. 전번에도 말했지만 인도 사람들이 말하는, 사람에게는 가장 중요한 두 가지가 있다. 하나는 사람으로 태어나는 일이요, 다른 하나는 사람으로 태어났으면 그다음에는 선생을 만나는 일이다. 이 두 가지가 사람에게 가장 중요한 일이다. 왜냐하면 선생을 못 만나면 영원한 생명을 얻을 수가 없기 때문이다. 영원한 생명이란 바로 선생을 잡아먹는 일이기 때문이다. 만나지 못하면 잡아먹을 수도 없다.

그래서 오늘 배운 내용의 중요한 뜻은 선생을 만나고 선생을 잡아먹으라는 두 가지로 생각할 수 있다. 교회에서 성만찬이라고 하여 가끔씩 빵 한 조각과 포도주 한 모금씩 먹는 의식을 행하고, 가톨릭에서는 미사 드린다고 하여 같은 의식을 치르기도 하는데 이러한 의식의 깊은 뜻을 우리는 알아야 한다.

그것이 바로 선생을 잡아먹으라는 뜻이라는 것을 알아야 한다. 그것을 알기까지는 빵을 먹고 포도주를 마시는 성만찬의 의식이 무슨 의미가 있겠는가. 그렇게 빵 한 조각과 포도주 한 모금을 먹는다고 해서 무슨 도움이 되겠는가. 그것은 하나의 상징에 불과하다. 결국 빵과 포도주는 선생을 말하는 것이다. 선생의 살을 먹고, 선생의 피를 마시라는 말이다. 선생을 잡아먹을 때 믿음이 되고, 영생이 되는 것이다.

어떻게 하면 선생을 무구탄실無口呑悉할 수 있을까. 그대로 통째로 삼킬 수가 있을까. 그것이 문제이다. 선생을 통째로 삼킬 때 영원한 생명이 되는 것이다. 그렇게 되면 누구든지 영생을 얻을 수 있게 된다.

기 도

사랑하는 아버지 하나님,
오늘도 우리들에게 깨끗함을 허락해 주시고
아름다운 대자연을 주신 데 대해서
진심으로 감사를 드립니다.

그러나 우리는 이렇게 깨끗하고 아름다운 대자연을
더럽히고 오염시키는 그런 죄를 범하며 살고 있습니다.

하나님의 뜻에 따라 대자연을 깨끗하게 지켜야 할
저희들이 오히려 대자연을 더럽히고 사는
이 어리석은 저희들을 당신께서 불쌍히 여겨 주시고
우리로 하여금 당신의 높으신 뜻을
하루바삐 헤아릴 수 있게 하여 주셔서
이 우주를 파괴하지 않는 당신의 아들들이 될 수 있도록
당신께서 도와주시옵소서.

깨끗한 공기와 깨끗한 물과
깨끗한 태양과 깨끗한 땅을
가지고 살 수 있는
저희들이 될 수 있도록 도와주시옵소서.

우선 저희들의 마음부터 깨끗하게 가지도록 하여 주시고
저희들의 모든 생각이 깨끗할 수 있도록 도와주시옵소서.

예수님의 이름 받들어 기도하옵나이다.
아멘.

22. 속죄와 부활

1993년 10월 10일

요한 6:60~71

제자 중 여럿이 듣고 말하되,
이 말씀은 어렵도다.
누가 들을 수 있느냐 한 대,

요전 시간에 나온 대로 예수님께서 내 살은 먹을 것이오, 내 피는 마실 것이다, 라고 했는데, 그 표현 방법이 너무 심한 것이 아닌가. 어떻게 우리가 예수님의 살을 먹고, 피를 마실 수가 있겠는가라고 생각하는 사람들이 많았다는 말이다. 그러나 아무리 그 당시 사람들이라고 해도 살을 먹고 피를 마신다는 말을 액면 그대로 받아들이는 사람은 없었을 것이다.

예수께서 스스로
제자들이 이 말씀에 대하여 수군거리는 줄 아시고
이르시되, 이 말이 너희에게 걸림이 되느냐.
그러면 너희는 인자가 이전에 있던 곳으로
올라가는 것을 본다면 어떻게 하겠느냐.

사람의 아들이 하늘로 올라가는 것을 보면 어떻게 하겠는가, 라는 이 말도 어려운 말이다.

살리는 것은 영이니,
육은 무익하니라.

옛날 성경에는 살리는 것은 영이니 육은 무익하니라, 라고 되어 있고 새 번역 성경에는 생명을 주는 것은 영이다. 육은 아무 데에도 소용이 없다, 라고 번역되어 있다.

내가 너희에게 이른 말은
영이요 생명이라.

이 말도 어려운 말이다. 말씀이 영이요 생명이라고 했다.

그러나 너희 중에
믿지 아니하는 자들이 있느니라 하시니,
이는 예수께서 믿지 아니하는 자들이 누구며,
자기를 팔 자가 누구인지 처음부터 아심이러라.
또 이르시되 그러므로 전에 너희에게 말하기를

내 아버지께서 오게 하여 주지 아니하시면
누구든지 내게 올 수 없다 하였노라 하시니라.

이 말은 요전 시간에도 나온 것으로 나를 보내신 아버지께서 이끌지 않는 사람은 내게로 올 수 없다, 라고 했다.

그때부터 그의 제자 중에서
많은 사람이 떠나가고
다시 그와 함께 다니지 아니하더라.

이때부터 많은 제자들이 예수를 떠나갔다.

예수께서 열두 제자에게 이르시되
너희도 가려느냐.
시몬 베드로가 대답하되
주여, 영생의 말씀이 주께 있사오니
우리가 누구에게로 가오리이까.

여기 나오는 이 말이 중요한 말이다. 베드로는 당신은 영원한 생명의 말씀을 가지고 있다, 라고 했다. 아까는 말씀은 영이요 생명이다, 라고 했다.

우리가,
주는 하나님의 거룩하신 자이신 줄
믿고 알았사옵나이다.
예수께서 대답하시되

내가 너희 열둘을 택하지 아니하였느냐.
그러나 너희 중의 한 사람은 마귀니라 하시니,
이 말씀은 가룟 시몬의 아들 유다를 가리키심이라.
그는 열둘 중의 하나로 예수를 팔 자러라.

이것은 가룟 유다가 예수를 팔 것을 가리켜 한 말이다. 그런데 예수께서 내 살을 먹고 내 피를 마시라고 한 이 말은 그 당시에도 문제가 되는 말이었지만 지금도 역시 상당히 문제가 되는 것은 사실이다. 교회에서는 이 살과 피를 뜻하는 성만찬과 세례의 두 가지 의식이 가장 중요하다. 세례는 부활을 상징하는 것이고 성만찬은 십자가를 상징하는 것이다. 그러니까 예수의 살과 피란 말은 지금 우리가 보면 십자가란 말이 된다. 십자가란 말 한마디보다는 십자가와 부활의 두 가지를 다 말하여, 예수의 피는 십자가를 말하고, 예수의 살은 부활을 말한다고 생각해도 좋다. 그 당시에 예수의 이 말을 듣는 사람들은 물론 십자가와 부활이란 말을 짐작할 수가 없었을 것이다.

그러나 그때에도 단순히 살과 피를 의미하는 것은 아니라는 것을 알고 있었을 것이다. 예수가 무슨 뜻에서 그런 말을 했는지 너무 어려워서 모르겠다고 생각했을 것이다. 사실 성경 중에는 어려워서 모르는 내용들이 많이 있다. 우리가 제일 어렵다고 생각하는 것이 십자가와 부활이란 내용이다. 이것처럼 어려운 것이 없다. 아마 여러분들도 다 그런 생각을 갖고 있을 것이다.

십자가의 속죄, 이것이 기독교의 핵심이라고 할 수 있다. 기독교를 믿는다는 것은 무엇을 믿는 것인가, 속죄를 믿는 것이다. 또한 기독교의 핵심이란 것이 무엇인가 하면 부활을 믿는 것이다. 그러니까 속죄와 부활, 이것이 기독교의 핵심으로 살과 피라는 것을 속죄와 부활로 번역해도 좋다. 그렇게 생각해 보면 속죄와 부활을 믿는 것이 예수를 믿는 것이다, 라고 할 수 있다. 그러나 이러한 것이 얼마나 어려운가. 정말 이러한 말이 무슨 말인지 잘 모른다. 그래서 떨어져 나간 사람이 얼마인지 모른다. 그리고 교회를 몇 십 년 다녀도 이것을 몰라서 고민하는 사람들이 얼마나 많은지 모른다.

이것을 기독교에서는 교리敎理라고 하는데 이 교리가 통 이해가 되지 않아서 고민하는 사람이 얼마나 많은지 모른다. 이 문제는 예수님 당시의 사람들만 문제가 되는 것이 아니라 지금 우리들에게도 문제가 되는 것이다.

내 경우도 이 문제 때문에 얼마나 고민했는지 모른다. 속죄가 무엇인지, 또 부활이 무엇인지, 물론 속죄라는 것에 대한 설명도 듣고 설교도 여러 번 들었지만 통 알 수 없었다. 전습록에도 나오지만 이론으로는 아는데 실제로는 안 되는 것이다. 말 그대로 내 죄罪가 속贖해져야 하는데 속해지질 않는 것이다. 교회에서 말로는 밤낮 속함을 받았다고는 하는데 통 사赦해지지 않고 죄는 그대로 남아 있는 것이다.

이러한 고민을 제일 많이 한 사람이 감리교로 말하면 요한 웨슬리였을 것이다. 요한 웨슬리도 이러한 문제 때문에 무척 고민을 했다. 그렇게 고민하다가 1738년 5월 24일 오후 8시 45분에 가슴이 뜨거워지는 것을 느끼게 된다. 그렇게 가슴이 뜨거워지는 것을 느끼지 못했다면 요한 웨슬리는 나오지 않았을 것이다. 이 가슴이 뜨거워지는 것을 느꼈다는 말이 지금 여기서 다른 말로 하면, 63절의 살리는 것은 영이요, 육은 무익하니라, 라는 말이다.

우리는 이러한 말로 한번 해석해 볼 수 있다. 가슴이란 말이 동양식으로 말하면 마음 심心인데 영어로 번역하면 영靈이란 말이다. 그러니까 왕양명王陽明이 말하는 심즉리心卽理란 말도 같은 말이다. 가슴이 뜨거워지는 것을 느꼈다, 라는 말을 동양식으로 말하면 심즉리란 말이다. 살리는 것은 영이요, 라는 말이 요한 웨슬리에게는 가슴이 뜨거워지는 것이라고 볼 수 있다. 그런데 가슴이 뜨거워진다는 것이 무엇일까. 이 가슴이 뜨거워진다는 말은 엠마오 도상에서 제자들이 예수님을 만났을 때도 한 말로서 우리 속에서 마음이 뜨겁지 아니 하더냐, 라는 말을 하게 된다. 이러한 말은 종교적인 표현이기 때문에 그 깊은 뜻을 자기에게 맞게 풀이하지 않으면 도저히 무슨 말인지 알 수가 없다.

나도 정말 십자가와 부활 때문에 얼마나 고민을 하고 부흥

회도 많이 쫓아다니고 산 기도도 여러 번 가보고 일본에 갔을 때에는 내촌內村의 제자가 최고라고 하여 또 얼마나 쫓아 다녔는지 모른다. 어떻게 하면 이 십자가의 뜻을 알 수 있을까 하여 수많은 사람들을 만나고 유명하다는 곳은 다 찾아 다녔다. 그런데 결국은 내 가슴이 뜨거워지는 순간 역시 그 모든 문제가 다 풀리고 말았다. 그래서 나는 '영이 살린다'는 말이 상당히 중요한 말이라고 생각한다. 우리 동양식으로 말하면 내 마음의 문제가 해결된다, 라 할 수 있는데 이것이 정말 중요하다. 우리가 진공묘유眞空妙有라고 하는데 이것이 바로 마음의 문제가 풀린다는 말이다. 마음이 무엇인가. 그것이 진공묘유眞空妙有이다, 라고 말할 수 있다.

요전에 내가 수수께끼를 냈는데, 예수의 살과 피를 먹고 마신다는 것이 무엇을 말하는 것인가라는 문제로 이것에 대한 대답을 할 수 있는 사람이 여기에 있는지 모르겠다. 어떻게 나는 예수의 살과 피를 먹나? 정말 어려운 문제다. 나는 이 문제에 대해 내 살과 내 피를 먹고 마시기 전에는 이해할 수 없다, 라고 생각한다. 이것이 나의 대답이다.

이것은 또 무슨 말인가 하면 나를 알기 전에는 그리스도를 알 수가 없다, 란 말이다. 또 내가 되기 전에는 그리스도를 따라갈 수가 없다, 란 말이다. 나는 요한 웨슬리의 가슴이 뜨겁다는 말을 그렇게 해석한다.

요한 웨슬리가 가슴이 뜨거워졌다고 했는데 그것이 무슨 말인가 하면 요한 웨슬리가 자기를 알게 되었다는 말이다. 요한 웨슬리가 자기를 알기 전에는 예수를 이해하지 못했다. 그런데 자기를 알고 보니 예수 그리스도를 알게 되었다는 말이다.

이러한 것을 키르케고르란 사람은 동시성同時性이란 말을 썼다. 나하고 그리스도하고가 같은 시간을 가지게 되는 것이다. 2천 년 전의 그리스도가 아니라 지금 그리스도가 내 안에 있고, 내가 그리스도 안에 있게 되어야 동시성이 되는 것이다.

그러니까 그리스도를 알아서 나를 알려고 하면 굉장히 어렵다. 그런데 나를 알고 그리스도를 알려고 하면 비교적 쉽다. 남을 알고, 나를 알려고 하면 굉장히 어렵다. 그러나 나를 알고 남을 알려고 하면 비교적 쉬운 것이다. 나는 그것이 "영은 살리는 것이요, 육은 쓸데가 없다"는 말이라고 생각한다. 영과 육이라는 것을 안과 밖으로 생각할 수 있다. 밖을 알고, 안을 알려고 하면 굉장히 어렵다. 그런데 안을 알고, 밖을 알려고 하면 그것은 쉬운 것이다. 그런 식으로 생각을 해 본다. 이런 것을 소위 일즉일체一卽一切라는 말로 쓴다. 하나를 알면 다 알게 된다는 말이다. 그래서 하나 속에서 문제를 해결하려고 달려 붙는 것이다. 사도 바울로 말하면 나는 그리스도의 십자가 이외에는 더 알 것이 아무것도 없다, 란 말이다. 그러니까 십자가에만 달라붙는 것이다.

그런 것을 동양식으로 말할 때는 심즉리心卽理라고 한다. 이 중심中心을 붙잡으면 전체를 붙잡게 된다. 소 그러면 소의 코를 꿰면 다 붙잡게 된다. 토끼 그러면 토끼의 귀를 잡으면 다 붙잡게 된다. 무엇이든지 그것의 핵심을 붙잡아야 한다. 그 핵심을 잡으면 다른 것은 다 풀리게 된다. 그런 그 핵심核心의 심心을 붙잡아야 한다. 그것만 잡으면 다 잡을 수 있게 된다.

바울로 말하면 그리스도의 십자가, 그것만 잡으면 다 잡게 되는 것이다. 웨슬리로 말하면, 내 마음이 뜨거워지니까 다 풀리게 된다는 말이다. 이것이 다 같은 생각이다. 하나를 잡으면 다 잡을 수 있게 된다. 우리가 복잡하게 이것저것을 다 쫓아다니면 아무리 해도 잡을 수가 없게 된다. 그러나 하나를 잡으면 다 잡게 된다.

내가 여러 번 말한 대로 나는 유영모라는 사람 하나만 붙잡으니까, 그전에는 이 사람 저 사람 다 쫓아 다녔는데, 나중에는 유영모라는 사람 하나만 붙잡으니까 거기에서 문제가 다 풀리게 되었다. 그 전에는 수없이 많은 목사들의 설교를 들었는데 통 풀리질 않았다. 그런데 유영모라는 사람의 말을 듣기 시작하면서부터 조금씩 조금씩 풀리기 시작했다. 아, 그렇게 풀려나가는 것이구나. 십자가와 부활이 그런 것이구나 하고 풀리게 된 것이다.

그런데 유영모의 말을 듣고 내가 다 알게 되었나 하면 그것은 아니다. 나중에 가서는 역시 내가 늘 말하는 35세 되는 3월 17일 오전 9시 5분 그 순간에, 아까 말한 요한 웨슬리도 저녁 8시 45분 그 순간으로, 나의 모든 문제가 다 풀리게 된다. 그런 순간이 필요하다. 그때까지 하나의 문제를 — 나의 문제는 십자가로서 — 십자가에 대한 문제를 풀기 위해 자꾸자꾸 생각해 들어가서는 결국은 나라고 하는 것과 연결이 되어 가지고, 나라고 하는 것을 붙잡는 순간에 십자가의 문제를 풀게 되는 것이다. 이렇게 말하면 조금 이해하기가 쉬울는지 모르겠다. 자기의 문제가 풀리는 순간에 전체의 문제도 풀리게 된다. 그것이 영이 살리신다, 라는 말이며 영이라는 말을 동양식으로 말하면 마음이라고 할 수 있다. 그것을 혹은 '나다' 라고도 할 수 있다. 내가 나를 아는 순간에 모든 문제가 풀리는 것이다.

그런데 나를 아는 것은 아까도 말했지만 하나님께서 알게 해주시지 않으면 알 수가 없다고 했으며, 또 하나님께서 이끌어 주시지 않으면 나에게 올 수 없다, 라고도 했는데 이것을 우리는 성령의 역사라고도 한다. 다시 말해서 하나님께서 도와주시지 않으면 안 되는데, 하나님께서 도와주시면 무엇을 알게 되나 하면 내가 내 문제를 알게 되는 것이다. 일반적으로는 내가 내 문제를 모른다. 우리는 보통 인간의 모든 문제를 죄라고 생각하는데 그렇게 되면 그것은 하나의 교리이지 실제가 아니다. 그러니까 나에게 죄라는 것이 구체적으로 무엇이라고 하는 어떤 문제가 있어야 한다. 그래서 그 문제가 풀리는 순간 그리스도의 문제도 풀리게 된다. 그러니까 내가 나를 잡아먹는 순간에 그리스도를 잡아먹게 되는 것이다. 풀리는 길은 그렇게 풀어야지 다른 길은 없지 않은가.

그래서 나는 35살 나는 해에 내 문제가 풀렸다. 그전까지는 굉장히 고민을 했었다. 심지어는 영도다리에 나가 자살까지 생각한 적도 있었다. 그런데 막상 가서 푸른 바닷물을 보니까 무서웠다. 그래서 되돌아오고 말았다. 십자가란 문제가 그렇게 어려운 것이다.

여러분들 가운데에서도 그런 어려운 고민을 하는 사람이 많을 것이라고 생각한다. 그런데 가장 쉬운 길은 십자가의 문제를 풀려고 하지 말고, 자기의 문제를 풀려고 노력해야 한다. 자기의 문제는 무엇인가. 자기의 문제는 각자가 다 다를 수 있다. 그런데 그 자기의 문제를 발견해 가지고, 그것이 가장 중요한데, 그것을 풀기 위해서 계속 노력해 가면 비교적 쉽게 풀어 나갈 수가 있다. 그래서 그것이 풀리는 순간에 인생의 모든 문제가 풀리는 것이다. 그래서 일즉일체一卽一切가 되는 것이다. 하나가 풀리면 전체가 풀리게 된다. 아파트에 들어갈 때 현관문만 열면 온 집안에 다 들어가는 것과 마찬가지다. 그래서 언제나 하나 속에서 문제를 해결하려고 해야지 여러 가지 가운데에서 문제를 해결하려고 하면 절대 안 된다.

그리고 자기의 문제가 무엇인지 알아야 한다. 사람이라면 역시 문제가 없을 수 없다. 그래서 많은 문제 가운데에서 가장 근본적인 문제가 무엇인지 구체적으로 알아 가지고 그것을 해결하도록 해야 한다. 나도 처음에는 자꾸 밖에서 해결하려고 했다. 그리고 남만 자꾸 쫓아 다녔다. 그러다가 차츰차츰 그것이 아니라는 것을 알고 나 혼자 생각하기 시작했다. 내 문제는 무엇일까 하고 혼자 깊이 생각했다. 그리고는 유영모 선생을 떠났다. 내 문제는 내가 해결해야겠다, 라 생각하고 유영모 선생을 떠난 것이다. 그런 뒤 약 100일 동안을 생각하고 또 생각해 나갔다. 그러다가 35살 되는 해 3월 17일 비로소 자기의 문제가 무엇인지 알게 되었으며, 자기의 문제가 무엇인지 아는 순간 자기 문제가 풀렸다. 풀리고 보니까 다시 선생님도 알게 되었다. 아, 선생님 말씀이 이런 말이었구나. 유영모 선생님의 모든 말씀이 이런 말이었구나, 하고 알게 되었다. 또 예수님의 말씀도 알게 되었고 성경의 모든 내용도 알게 되었다.

이러한 계기를 여러분들도 잘 생각하셔서 처음에는 선생님의 말씀을 참고해야겠지만 나중에는 자기가 혼자서 깊이 생각해 가지고 자기의 문제가 무엇인지, 그 핵심이 무엇인지를 자기가 풀어 나가야 한다. 그래서 그 문제가 풀리게 되면 그때에는 선생님의 모든 말씀도 살아나게 되고 또 모든 선생님의 말씀이 바로 내 말씀이 되고 만다. 그렇게 되기까지 심오한 사색을 해

들어가야 한다. 그래서 하나가 풀리게 되면 다 풀리게 되고 마는 것이다.

그러므로 영이 살리시는 이요, 육은 쓸데없다. 영이 살리신다는 말은 내 문제를 풀어야 한다는 말이다. 남의 문제를 풀어봐야 아무 쓸데가 없다. 예수의 문제를 내가 아무리 풀어 본들 쓸데없다. 십자가도 예수의 문제이지 내 문제가 아니다. 부활도 예수의 문제이지 내 문제가 아니다. 내 문제는 나만이 알 수 있는 독특한 문제로서 내게 있다. 내 문제, 그것이 풀릴 때 십자가도 풀리고 부활도 풀리지 그것이 풀리지 않으면 아무것도 풀 수가 없다. 결국 내 문제를 풀 때 모든 문제가 풀리게 되는 것이다.

제 7 장

기독교의 시간관

기 도

사랑의 근원이신 하나님,
오늘도 빛과 사랑을 가지고 하루를 살아가는
저희들이 될 수 있도록 도와주시고
이 나라도 역시 빛과 사랑을 가지고
남과 북이 하나가 될 수 있는
그런 시간이 올 수 있도록
당신께서 도와주시옵소서.

우리가 해방된 지 너무도 오랜 동안
남북이 서로 갈려 있었기 때문에
지금 만나면 어떻게 될지 알아 볼 수도 없을 정도로
많이 변한 것을 느끼지 않을 수 없습니다.

저희들이 살아 있을 동안에
당신께서 하나가 될 수 있는 기회를 허락해 주시고
우리가 다시 한 번 서로 만나보고 기뻐할 수 있는
그런 은혜를 허락하여 주시옵소서.

그래서 남북의 문제가 하루속히 해결 되어서
많은 사람들이 애통함과 비통함에서 벗어날 수 있도록
당신께서 축복하여 주시옵소서.

오늘 이 시간도 당신께서
같이 하여 주시옵기를 바라오며
예수님 공로 받들어 기도하옵나이다.
아멘.

23. 세 가지 시간관

1993년 10월 17일

요한 7:1~14

그 후에 예수께서 갈릴리에서 다니시고,

갈릴리는 갈릴리 호수 근처 지방을 가리킨다. 그 당시에는 북쪽은 이스라엘이고, 남쪽은 유대로 갈려 있었다. 유대가 우리나라의 남한과 같고, 이스라엘이 우리의 북한과 같은 것이라고 생각할 수 있다.

이렇게 갈라진 이유는 여러 가지가 있겠지만 유대의 남쪽에는 이집트라는 강대국이 있고, 북쪽에는 앗시리아, 바빌론, 희랍, 로마 등의 여러 강대국이 접해 있었다. 이렇게 남북으로 강대국 사이에 끼어 있는 나라가 바로 팔레스타인인 유대 사람들이었다. 그래서 이 유대인들은 밤낮 둘로 갈리게 마련이었다.

이 유대 나라의 사정이 우리 한국의 사정과 비슷하다. 역사적으로 보아도 그렇고 아주 비슷하다. 옛날에는 유대가 겪은 것이고, 지금은 우리가 겪고 있는 것이고, 시대가 다른 것뿐이다. 우리가 지금 이렇게 갈려 있는 것도 북쪽에는 소련과 중국이라는 강대국이 있고 남쪽에는 미국, 일본이라는 강대국이 있어서 이 두 강대국들 틈에 끼어서 갈리게 된 것으로 어떻게 보면 불쌍한 처지에 놓이게 된 것이다. 사실 이렇게 된 것이 우리의 잘못만은 아니다. 미, 소가 우리가 알지도 못하는 사이에 갈라놓았으니 우리가 잘못한 것은 아니다.

유대 사람들의 문제도 세계의 문제가 해결되어야 해결되는 것이지 유대 사람 자신들이 해결할 수 있는 문제는 아니다. 그러면 세계 문제를 해결해주는 것은 누구인가. 하나님이다. 그래서 유대 사람들이 하나님을 믿게 되는 것이다. 하나님이 해결해주어야지 그것은 우리 힘으로는 할 수가 없다. 그것이 이사야의 내용이다. 이사야서에서 말하기를 세계 문제가 해결되어야 유대의 문제가 해결되지, 세계 문제가 해결되기 전에는 유대의 문제가 해결되지 않는다는 것이다. 우리 문제도 언제나 유엔에서 어떻게 해결하도록 해야지 우리가 어떻게 해결할 수가 없다. 그동안에는 미, 소가 대립하고 있었는데 이제는 소련이 없어졌으니까 앞으로는 중국하고 미국이 자꾸 문제가 된다. 그래서 중국에서 북한을 지지하고 있으면 미국도 어떻게 할 수가 없다.

유대에서 다니려 아니하심은
유대인들이 죽이려 함이러라.

남쪽에 있는 유대인들이 예수를 죽이려고 했기 때문에 북쪽인 갈릴리 지방에 숨어 있었다. 그때 유대의 수도는 남쪽인 유대 지방에 있었다. 그래서 서울로 가려면 아무래도 남쪽으로 가야만 했다.

유대인의 명절인 초막절이 가까운지라.

초막절은 우리의 추석과 같은 명절이다. 추수를 다 끝내고 이것을 축하하기 위해 여드레 동안 계속하는 축제였다.

그 형제들이 예수께 이르되
당신이 행하는 일을 제자들도 보게
여기를 떠나 유대로 가소서.
스스로 나타나기를 구하면서
묻혀서 일하는 사람이 없나니
이 일을 행하려 하거든 자신을 세상에 나타내소서, 하니
이는 그 형제들까지도 예수를 믿지 아니함이러라.

예수의 형제들이 예수께 서울로 가서 한번 활동하는 것이 어떻겠느냐고 권했다. 좋은 능력을 감춰두지 말고 남들에게 나타나서 행하는 것이 어떻겠느냐 라고 예수에게 말했다. 예수가 능력도 인정받고 어떤 이들은 왕으로까지 추대하려는 움직임도 있었으니까, 서울인 예루살렘으로 가서 한번 나서 보는 것이 좋겠다고 권하는 것이었다.

예수께서 이르시되
내 때는 아직 이르지 아니하였거니와
너희 때는 늘 준비되어 있느니라.

여기서 '나의 때는'에서 '때'라는 말이 오늘 중요한 말이다. 아직은 내가 나설 때는 아니란 말이다.

세상이 너희를 미워하지 아니하되
나를 미워하나니
이는 내가 세상의 일들을 악하다고 증언함이라.

세상 사람들이 당신들을 미워할 수 없다는 말은, 사람들은 세상이 하는 대로 좇아하면 되니까, 다시 말해서 거짓말하면 거짓말을 같이 하면 되고, 의심하면 같이 의심하면 되고, 남을 감시하라면 같이 감시하면 되고, 백성들이야 시키는 대로 하니까 별로 문제가 없다는 말이다. 요즘 우리 남쪽에서는 속이는 것이 아무 문제가 안 되는 것과 같다. 다 속이고 사니까 속인다는 것이 별로 문제가 안 되는 것이다. 공무원들도 속이고, 장사꾼들도 속이고, 다 속이고 사니까 문제가 안 된다. 그러니까 요즘에는 속이지 않는 사람이 바보가 되고 만다.

그런데 예수는 다르다는 말이다. 예수가 잘못하게 되면 밝혀내야만 하는 것이다. 마치 우리가 김영삼 대통령이 잘못하면 밝혀내야 하는 것과 마찬가지다. 대통령마저 잘못하면 그것은 안 되는 것이다. 사회를 바르게 하기 위해 금융실명제도 하고 상품에도 정찰제가 있어 조금도 속일 수 없도록 자꾸 제도적으로 장치를 마련해 나가는 것이다. 옛날부터 장사꾼은 속여야만 되는 것으로 인정받았다.

그래서 사농공상士農工商이라 하여 상인商人이 되면 가장 천대를 받았다. 속여야 장사를 할 수 있다는 말이다. 그런데 요즘 미국에 가보면 전부 정찰제를 하니까 속일 수가 없다. 그렇게 되어야 제대로 된 자본주의가 된다. 우리처럼 자꾸 속이는 자본주의는 자본주의가 될 수 없다. 속이지 않는 자본주의, 그것이 바로 요전에 말한 묘유妙有가 되는 것이다. 속이지 않는 자본주의가 참 자본주의이다.

또 북쪽으로 말하면 의심하지 않는 공산주의가 되어야 한다. 그렇게 되어야 진공眞空이다. 그래서 북쪽은 진공이 되고 남쪽은 묘유가 되어야 통일이 된다.

그러므로 남쪽은 어떻게 하면 남들을 속이지 않을까 하는 문제를 많이 생각해야 한다. 정찰제도 실시하고, 실명제도 정착

시키고, 물건도 정직하게 만들어서 정말 신용 있는 사회가 되어야 한다. 돈도 정직하게 벌어야 가치 있는 돈이 되지 다 속여서 벌면 가치 있는 돈이 될 수 없다.

> 너희는 명절에 올라가라.
> 내 때가 아직 차지 못하였으니
> 나는 이 명절에 아직 올라가지 아니하노라.
> 이 말씀을 하시고 갈릴리에 머물러 계시니라.
> 그 형제들이 명절에 올라간 후에
> 자기도 올라가시되 나타내지 않고 은밀히 가시니라.
> 명절 중에 유대인들이 예수를 찾으면서
> 그가 어디 있느냐 하고
> 예수에 대하여 무리 중에서 수군거림이 많아
> 어떤 사람은 좋은 사람이라 하며
> 어떤 사람은 아니라 무리를 미혹한다 하나
> 그러나 유대인들을 두려워하므로
> 드러나게 그에 대하여 말하는 자가 없더라.
> 이미 명절의 중간이 되어
> 예수께서 성전에 올라가사 가르치시니.

예수께서는 처음에는 올라가지 않겠다고 하다가 나중에서야 예루살렘의 성전으로 올라가서 가르치기 시작하였다. 왜 그랬는지 알 수 없는 수수께끼이다.

오늘 나온 구절 중에 중요한 말이 '때'라는 말이다. "그 때는 아무도 모른다. 나도 모른다. 그 때는 오직 하나님만이 아신다." 그런 말도 나온다. "앞으로 언제 심판이 있습니까"라는 물음에 대한 대답이다.

그래서 때는 언제나 하늘에 있다고 성경에 나와 있다. 우리 인생이라는 것이 시간을 떠나서는 살 수 없다. 서양 철학과 동양 철학의 차이가 있다면, 서양 철학에서는 언제나 시간관념이 강하다는 점이다. 동양에는 시간관념이 그렇게 중요하지 않다. 그래서 시간문제에 대한 철학은 동양에서는 별로 찾아 볼 수 없다.

보통 시간관이라는 것도 기독교의 시간관이다. 기독교의 시간관을 직선적 시간관이라고 한다. 동양의 시간관이라는 것은 빙빙 돌아가는 시간관 밖에 없다. 갑자, 을축, 병인, 이렇게 돌아가서 60번이 되면 또다시 처음으로 돌아온다. 그래서 자꾸 돌아가는 것이 동양의 시간관이다. 옛날 기록에 보면 병자년으로 되어 있지 언제를 말하는지 알기 어렵다. 서양은 기원 전후를 따져 정확한 연도를 표시하고 있다.

천문학에서는 약 4천 년 전부터 연도를 계산하기 시작했다고 한다. 그래서 4천 여년 전부터 하루, 이틀, 사흘로 계산된 일력이 있는데 그것을 율리안 데이라고 한다. 율리안 데이는 천문학에서 쓰는 날짜인데 4,600년 전부터 계산하기 시작했다고 한다. 지금 쓰는 연도는 기독교에서 쓴 기원으로 약 2천 년이 된 것이다. 천문학에서는 훨씬 전부터 연도를 써 왔다.

그런데 불경에 보면 언제나 그때이지 며칠날이란 것이 없다. 왜냐하면 뱅뱅 돌아가는 시간관이기 때문이다. 그러나 기독교는 직선의 시간관이다. 언제나 창조의 시작이 있고, 종말의 끝이 있다, 계속 연결된 시간관으로. 그렇기 때문에 기독교의 시간관을 직선적 시간관이라고 한다.

그리고 돌아가는 시간관과 직선적 시간관을 합한 것을 나선형 시간관이라고 한다. 마치 허리케인이 돌면서 앞으로 나가는 것처럼 나선형을 그리면서 앞으로 나간다는 시간관을 말한다.

그래서 세상에는 시간관이 세 가지가 있다고 할 수 있다. 직선형인가, 원형인가, 나선형인가. 그 형태에 따라 세 가지로 나눈다. 누구든지 이런 시간관 속에 살게 된다. 우리가 하루를 산다고 할 때도 반드시 돌아가는 시간을 겪지 않을 수가 없다. 아침에 해가 떴다가 저녁에 해가 지고 밤이 되었다가 다시 아침에 해가 뜨는, 이렇게 돌아가는 시간을 안 겪을 수가 없다.

여러분은 그런 생각을 별로 안 할는지 모르지만 내 경우에는 한 주일이란 시간이 직선적인 시간이다. 월요일부터 일요일까지 직선으로 연결된 시간이다. 그러한 직선적인 시간이 계속되어진다. 그리고 우리가 일생을 살아보면 반드시 나선적인 시간이 안 될 수가 없다. 나선적인 시간을 우리가 변증법적인 시간이라고도 하는데 직선적인 시간과 원형의 시간이 합쳐진 것이다. 일 년의 춘하추동도 동그란 시간이다. 계속 춘하추동으로 돌아가는 것이다.

그런데 직선적인 시간이란 시작과 끝이 있는 시간이다. 반드시 시작과 끝의 두 점이 있다. 그리고 나선형의 시간은 변증법적인 시간으로 정반합의 세 점이 있는 시간관이다. 일생을 살아가면 이러한 변증법적인 발전이 없을 수 없다.

우리가 하루를 사는 데는 아침, 점심, 저녁, 밤의 네 점을 가지지 않을 수 없고, 한 주를 사는 데는 월요일의 시작과 일요일의 끝이라는 두 점을 가지지 않을 수 없다. 그래서 둘이냐, 셋이냐, 넷이냐에 따라 다른 시간관을 가지고 살아가는 것이다.

우리는 변증법적인 시간이란 것을 제일 많이 느끼고 살게 되는데 결국 사람이란 것은 세 번 변하게 마련이다. 젊은 시절부터 어른이 되었다가 늙는, 세 번의 변화가 누구에게나 있기 마련이다. 이러한 것을 겪지 않을 수가 없다. 젊었을 때는 공부를 해야 하고, 어른이 되면 일해야 하고, 늙어서는 물러나 쉬는 시기이다. 이러한 세 단계를 겪는 것이 인생이다. 학교에서 열심히 공부하는 때가 있고, 취직해서 열심히 일하는 때가 있고, 그리고 정년퇴직하면 집에서 쉬는 때가 있게 마련이다.

이런 것을 보통 우리가 인생의 삼 단계라고 하는데, 키르케고르라는 철학자가 이것을 세밀하게 분석했다. 그의 말에 의하면 미적 실존, 윤리적 실존, 종교적 실존의 삼 단계로 인생을 나누었다. 이것은 누구나 다 아는 것이다. 여자라면 결혼 전에는 처녀로 살다가, 결혼해서는 아내가 되었다가, 어린애를 낳고 어머니가 되어 사는, 세 번의 변화를 겪게 된다. 그래서 어렸을 때는 아버지가 주인이 되고, 시집가면 남편이 주인이 되고, 어린애를 낳으면 아들이 주인이 되어, 동양에서는 옛부터 여자는 삼종三從이라 하여 세 가지를 좇아간다는 말이 있었다. 어쩔 수 없이 어릴 때는 아버지에게 매달릴 수밖에 없고, 또 시집가면 남편에게 매달릴 수밖에 없고, 나이가 많아지면 아이들에게 매달릴 수밖에 없게 되는 것이다. 인생이 그렇게 되어 있는 것이니 어쩔 수가 없다. 이러한 삼 단계의 변화를 거치지 않을 수가 없다.

그다음에는 매일 변화하는 것이다. 아침이 되면 일어나야 하고, 밤이 되면 자야 하고, 낮에는 일해야 하고, 저녁에는 쉬는, 네 가지의 변화를 매일 겪지 않을 수가 없다. 그러니까 일년도 춘하추동의 네 가지가 있지만 하루에도 춘하추동이 있다고 생각할 수 있다. 언제나 밤은 겨울(동冬)이고, 낮은 여름(하夏)이고, 아침은 봄(춘春)이고, 저녁은 가을(추秋)이다. 이렇게 돌아가는 하루의 삶은 어떻게 할 수가 없다. 이것도 누구나 다 겪는 것이다.

그다음에는 무슨 일이든지 시작을 하고 끝을 내야 하는 것이 있다. 그렇게 되면 직선적인 시간을 겪지 않을 수가 없다. 내 경우로 보면, 오늘 7장 1절에서부터 14절까지 공부했으면 집에 가서부터는 15절부터 24절까지 또 보아야만 한다. 그 구절을 보고서는 요다음 일요일 날 올 때까지 그 내용을 반드시 다 알아야만 한다. 우리가 공부하는 이 말들은 이천 년 전의 이야기들이다. 이천 년 전의 말들을 오늘 집에 가서 꼭 읽어야만 하는 것이다. 그러고 나서 요다음 일요일 날, 그 시간은 아직 오지 않은 미래의 시간인데, 그때까지 한 주일 동안 이 내용에 대해 알아내야만 한다. 그런 책임이 나에게는 있는 것이다. 일이라는 것이 책임이라는 것이다. 내용 중에는 쉬운 것도 있지만 굉장히 어려운 것도 있어 이해하기 위해 많은 노력을 기울여야 하는 것도 있다.

오늘 전 시간에 했던 양명陽明의, 남에게 사기 당할까봐 조바심하지도 말고(불역不逆), 남에게 불신 당할까봐 조바심하지도 말라는(불억不億), 두 말을 알아내는 데에 이틀이 걸렸다. 이 말은 그 동안에 읽은 글 가운데 제일 어려운 것 중에 하나였다.

처음 이 두 마디를 읽었을 때에는 무슨 말인지 통 알 수가 없었다. 이틀 동안을 정말 이 두 마디를 가지고 생각했다. 그렇게 공부하고 생각한 끝에 겨우 그 뜻을 알아 낼 수가 있었다. 그래서 결국 이것도 생각해 보면 지知와 행行의 핵심이라는 것을 알 수 있었다.

또 자성명自誠明이란 말도, 내가 중용中庸을 수십 번 읽었는데도 읽을 때마다 모르는 말이다. 몇 번을 읽어도 잘 알 수가 없다. 그렇게 안다는 것이 어려운 것이다. 그래서 한 주 동안 계속해서 생각해야만 한다. 완전히 알아질 때까지 계속 애써야만 한다. 애쓴다는 것이 힘을 쏟는 것이라면 알아진다는 것은 빛을 발하는 것이다. 이렇게 애를 써서 빛이 발해야 하는 것인데 그것이 바로 자성명自誠明이다. 그런데 빛이 나오지 않으면 그것이 정말 야단이다. 여기에 서서도 할 말이 없게 되는 것이다.

그래서 내가 대신교회 있을 때는 하루는 설교를 못한 때도 있었다. 모르니까 나와도 할 말이 없는 것이다. 그래서 그때 설교를 못하고 찬송과 기도만 드리고 헤어진 적이 있었다. 그러므로 꼭 알아내야만 하는 것이다. 힘이 빛으로 바뀌어야만 하는 것이다. 그렇게 되기 위해서는 한없는 노력이 뒤따라야만 한다. 그래서 빛이 발하기 시작하면 그렇게 기쁠 수가 없다. 일찍 빛을 발하면 더욱 좋다. 수요일쯤 다 알게 되면 그다음부터는 방학이다. 그런데 어떤 때에는 토요일이 되어도 풀리지 않을 때도 있고, 일요일 아침까지 풀리지 않을 때도 있다. 그러다가 교회 나오는 길에 빛이 발할 때가 있기도 한다. 그 동안까지는 정말 이렇게 말하는 것이 쉬운 것처럼 보일지 모르지만 정말 어려운 것이다. 왜냐하면 우선 내가 알아야 하기 때문이다.

여러분을 알게 해주기 위해서는 우선 내가 알아야 하는 것이다. 안다고 하는 것이 빛의 세계인데 빛이 나오지 않으면 힘을 쏟아야 한다. 굉장히 고민해야 한다. 그래서 내가 알게 되어야 여기 나와서 쉽게 말할 수 있지, 모르면 말할 수가 없게 된다. 아는 것을 말해야 참말이 되지 모르는 것을 말하면 거짓말이 되고 만다. 알지도 못하면서 예수가 그랬다더라 하고 말하게 되면 거짓말이 되고 만다. 그래서 내가 참말을 말하기 위해서는 역시 내가 알아야 한다.

내가 알려면 결국 어떻게 해야 하는가 하면, 하나님을 알아야 나를 알지, 하나님을 모르면 나를 알 수가 없다. 하나님을 알려면 또한 하나님의 계시를 받아야만 한다. 하나님의 계시를 받으려면 어떻게 해야 하나. 그것은 기도를 통해서이다. 그러니까 한 주일 내내 하나님의 계시를 받기 위해서 계속 기도하는 것이다. 그 기도는 입으로 하는 기도가 아니다. 내 생명으로 하는 기도이다. 그래서 결국 계시를 받게 되고, 그것이 빛을 발하는 것이고, 그것이 또한 기쁨이 되는 것이다. 그래서 기쁨이라는 것을 느끼게 되는데, 나는 기쁨을 '기가 뿜어져 나온다'라고 하는데 정말 그렇게 기가 뿜어져 나오는 것처럼 느껴진다. 그렇게 아는 데서 오는 기쁨, 그러므로 '진리와 함께 기뻐한다'는 말이 나오게 되는 것이다. 오늘은 세 가지 시간관에 대해서 알아 보았다.

기 도

저희들이 지금
하나님의 크신 사랑 속에서
살고 있는 줄을 알 수 있게 하시고,
언제나 부분에 치우치지 말고
전체를 보며 살아가는 큰 마음을 가지고
오늘 하루도 살 수 있도록 도와주시옵소서.

저희들 속에,
안의 것도 아니요, 밖의 것도 아닌
언제나 내외를 통일하면서 살아가는
저희들이 될 수 있게 하시고
오늘 하루도 열심히 힘을 내어
참되게 살아가는
저희들이 될 수 있도록 도와주시옵소서.

오늘 이 시간에도
당신의 말씀을 통해서
저희들의 마음속에
한없는 당신의 사랑을 깨닫는
시간이 될 수 있도록 인도하여 주시옵소서.

예수님의 이름 받들어 기도하옵나이다.
아멘.

24. 하나님의 말씀

1993년 10월 24일

요한 7:15~24

유대인들이 놀랍게 여겨 이르되
이 사람은 배우지 아니하였거늘
어떻게 글을 아느냐 하니

유대인들은 예수의 말씀을 듣고 놀랐다. 그 당시에 성서를 가르치는 학교도 있었을 것이다. 대학도 있었고 신학을 전문으로 가르치는 곳도 있었을 것이다. 그런데 그런 곳도 일체 다닌 적이 없는 예수가 어떻게 성서에 대해 잘 알 수 있는가 하고 놀랐다는 말이다. 정말 의문이 아닐 수 없다.

그러나 성서라는 것은 배워서 아는 책이 아니다. 성서를 배워서 안다면 공부를 많이 한 사람만이 알 수 있을 것이다. 그러나 성서는 많이 공부했다고 알 수 있는 것은 아니다. 배우지 않고도 알 수 있으니까 성서라고 할 수 있지 꼭 배워서 안다면 성서라고 할 것이 있겠는가.

우리 교회에 한 할머니가 세상을 떠났는데 나는 그 할머니가 대학을 나온 것으로 생각했다. 그런데 세상을 떠났을 때 알고 보니까 초등학교도 채 졸업 못 했다고 한다. 그런데 성서를 모르는 것 없이 다 알고 있었다. 그러니까 초등학교를 못 나왔어도 성서를 이해하는 데에는 아무런 문제가 없다. 사실 성서는 안 보고 알아야 그게 진짜 아는 것이지 배워서 안다면 아는 것이 아니다.

예수께서 대답하여 이르시되
내 교훈은 내 것이 아니요
나를 보내신 이의 것이니라.

이것도 아주 중요한 말이다. 내가 오늘 여러분들에게 말하는 것은 나의 말이 아니라 하나님의 말이다. 쉽게 말하면 그런 뜻이다. 그러니까 예수님의 말씀이 곧 하나님의 말씀이다. 그러니까 우리가 삼위일체三位一體라고 하지 그렇지 않다면 삼위일체라고 할 수가 없다. 예수님은 언제나 하나님하고 같이 있는 분이니까 예수님의 말씀이나 하나님의 말씀이나 다 같지 다를 것이 없다. 우리가 노자老子의 위무위爲無爲, 금강경에 주무주住무주無住, 소크라테스의 지부지知不知, 이런 말들을 많이 쓰는데 이 뜻을 제일 알기 쉽게 이해한다면, 위爲하고 무위無爲하고를 통일하는 것이다. 주住하고 무주無住하고를 통일하는 것이다. 지知하고 부지不知하고를 통일하는 것이다. 그런데 우리가 더 구체적으로 생각한다면 결국 지금 예수님 말씀대로 내가 말하는 것이 내 말이 아니고 하나님의 말씀이다, 라는 것이 된다.

내가 서른다섯 살 때 대학이라는 책의 1장을 우리말로 번역해서 유영모 선생에게 가져갔다. 그때가 6월 5일이었는데 그 뒤 한 주일이 지나서 다시 유영모 선생님께 찾아갔더니 그때 선생님께서는 이정호라고 하는 분과 이야기를 나누고 계셨는데 그 분은 정역正易을 쓴 분이다. 유명한 주역의 대가인 일부一夫라는 분의 제자로, 이화여대 국문과에도 있었고 후에는 충남대학교 대학원 원장도 하고 총장도 지낸 분인데, 평생 주역을 연구하고 우리 한글도 주역으로 설명한 분으로 그러한 내용을 책으로 출판하기도 하였는데, 그분과 함께 서로 토론을 하고 계셨다.

나는 그 옆에서 기다리며 가만히 앉아 있었는데, 이정호 선생이 읽고 있는 글을 보니까 내가 전번 주에 드렸던 대학 1장을 번역한 내용이었다. 그때 이정호 선생께서 유영모 선생에게 묻기를, 이 글이 언제 나온 글입니까, 라고 하니까 선생께서 대답하기를, 여기 있는 이 사람이 쓴 글이다, 라고 하여 나는 좀 송구스럽고 부끄러운 표정을 보였더니, 그때 유영모 선생께서 이정호 선생을 보며 말하기를, 공자님이 친히 번역해도 이 이상은 못했을 것이다, 라 하였다. 그 말을 들으니 나는 더욱 송구스럽고 몸 둘 바를 모를 지경이었다.

그런데 곧 유영모 선생께서 나에게 말하기를, 이 글은 김 군이 쓰긴 썼지마는 김 군이 쓴 글이 아니다, 라고 하셨다. 쓰기는 내가 썼지마는 내가 쓴 글이 아니라는 말이다. 아까 나온 말과 마찬가지로 알기는 내가 아는데, 내가 아는 것은 아니다. 사는 것은 내가 사는데, 내가 사는 것이 아니다, 와 다 같은 말이다. 또 내가 말하는 것은 나의 말이 아니라 하나님의 말이다, 라는 말과도 같은 말이다. 그러니까 하나님이 아시는 것이고, 하나님이 하시는 것이고, 하나님이 사시는 것이지, 내가 알고, 내가 하고, 내가 사는 것이 아니다, 란 말이다. 여기에 인간이 갈 수 있는 최고의 경지까지 가는 것을 말하고 있는데, 이것을 우리는 보통 천인합일天人合一이라고 하며, 이는 하늘과 사람이 하나가 되었다, 라는 말이 된다. 혹은 신인합일神人合一이라는 말도 한다.

그러니까 사람이 한 번 신神하고 만날 수 있는 경지, 그런 것을 말하는 것으로, 이러한 것이 없다면 인간이라고 하는 것이 무의미하게 되는 것이다. 사람이 신과 만날 수 있다는 것, 하늘과 통할 수 있다는 것, 그런 것을 우리가 진리를 깨닫는다고도 하는데, 그렇게 진리를 깨달을 수 있다는 것이 중요한 것이다.

그러니까 여기에 예수라는 분도 진리를 깨달은 분이니까 예수가 말하는 것이 진리가 되는 것이다. 진리란 예수 개인의 것이 아니다. 그것은 인류전체의 것이며 동시에 하나님의 것이다. 그러니까 언제나 내가 하긴 해도 내가 한 것이 아니다 라고 표현되는 것이다. 그래서 위무위爲無爲, 주무주住無住, 지부지知不知라는 말도 다 같은 말이다. 소크라테스의 지부지知不知도 자기가 말은 하지만 자기의 말이 아니라는 말이다. 그것은 진리라는 말이다. 그 진리라는 것은 개인의 것이 아니다. 전체의 것이다. 그리고 또 하나님의 것이다. 그러니까 사람은 전체의 것에 동참할 수 있는 것이다.

우리가 한국말, 그러면 그것은, 내 말이다, 라고 할 수 없다. 그것은 한국 사람 전체의 말이다. 이것이 인간이 고귀하다면 고귀한 점이다. 그래서 우리 기독교에서는 예수를 진리 자체이다, 라고 믿고 있는 것이다. 진리를 깨달은 사람의 말은 진리이지 개인의 말은 아니다. 사람은 역시 일생에 그런 경지까지 가는 경험을 한 번 해야 한다. 그것을 우리는 근본경험이라고 하는데 그런 경험을 느껴보는 때가 있어야 한다. 내 경우는 서른다섯 살 나는 해에 그런 경험을 한 번 하게 된다. 그러니까 절대세계와 하나가 되는 그런 경험을 말한다. 그런 뒤에는 그런 경험이 다시는 없었다. 홍해 바다가 밤낮 갈라진다면 홍해 바다가 되겠는가. 모세의 지팡이로 한 번 갈라지면 그것으로 끝이지 또 갈라질 수가 있겠는가.

그래서 그러한 독특한 경험이라는 것은 누구에게나 있을 수 있는 것이다. 내 경우는 철학을 공부하면서 그런 경험을 하게 되었지만 다른 분야에서도 그런 경험이 있을 수 있다고 생각된다. 자기가 열심히 노력하는 그 세계 속에서 어떤 하나의 영감을 받는다든가 하는, 그런 경험이 다 있을 것이다. 그림을 그린다든지, 조각을 한다든지, 시를 짓는다든지 할 때에도 어떤 영감을 받아서 그림을 그리고 시를 짓는 경우가 얼마든지 있을 수 있다. 그런 절대적인 경험 없이 어떻게 훌륭한 시인이 되며 예술가가 될 수 있겠는가. 무엇이든지 자기가 하는 일에 대해서 한 번 도道가 통하는 그런 경험을 할 수 있는 것이다. 그렇게 한 번 도가 통하게 되면 그 도는 자기 개인의 도가 아니란 말이다. 그것은 전체의 도가 되고 만다. 공자의 말이라고 해서 그 말이 공자 개인의 말은 아니다. 이미 인류의 말이다. 예수의 말도 다 마찬가지다. 그러니까 도가 통한 사람의 말은 인류공동의 말이지 어떤 개인의 사사로운 말이 아니다. 그래서 나의 가르침은 나의 것이 아니요, 나를 보내신 이의 가르침이다, 라는 말이 나오는 것이다. 이것은 예수 개인의 것이 아니요, 인류 전체의 것이라는 말이다. 또 하나님의 것이다. 그러니까 우리가 이것을 하나님의 말씀이라고 하는 것이다. 그렇지 않다면 하나님의 말씀이 될 수 없다. 그래서 사람이라는 것은 궁극에 도달하게 되면 전체에 통하고 만다. 그래서 나라고 하는 것이 없어지고 전체가 되고 만다. 그러므로 예수는, 나의 가르침은 나의 것이 아니요, 나를 보내신 이의 가르침이다, 라고 하는 것이다. 이것은 예수 개인의 말이 아니다. 나를 보내신 이, 곧 하나님의 말이다. 또 우주의 가르침이라고 해도 좋다. 진리이다, 라고 해도 좋다.

사람이 하나님의 뜻을 행하려 하면,

이것도 아까 자꾸 나오던 말로서, 정말 바로 살려고 한다면, 정말 진리를 실천하려고 한다면,

이 교훈이 하나님께로부터 왔는지
내가 스스로 말함인지 알리라.

그 말이 개인의 말인지, 우주적인 것인지 알 수 있을 것이다. 그것은 누구나 알 수 있는 것이지 어떤 특정한 사람만이 아는 것은 아니다. 그것은 보편타당하고 필연적인 것이지 어떤 개인의 것은 아니다. 날씨가 춥다고 하면 누구나 다 추운 것이지 어떤 개인만 추운 것이 아닌 것처럼 진리도 마찬가지로 공동의 것이지 어떤 누구만의 것은 아니다. 그래서 누구든지 진리대로 살겠다고 하면, 그것이 하나님의 뜻을 행하는 것으로, 그것이 진리인지 아닌지 누구든지 다 알 수 있다는 말이다. 나의 가

르침은 나의 것이 아니요, 나를 보내신 이의 가르침이다. 그러니까 믿는 것이다. 사실 예수를 믿는 것이 아니다. 진리를 믿는 것이다. 예수의 말씀이 그대로 진리이니까 믿는 것이다. 그것은 예수 개인의 것이 아니요, 하나님의 것이다. 하나님의 것이다, 란 말은 인류 전체의 것이다, 란 말이다.

누구든지 하나님의 뜻을 행하고자 하면 진리란 필요한 것이다. 진리를 행하려는 사람에게 진리가 필요하지, 행하지 않는 사람에게는 진리라는 것이 아무런 필요가 없다. 진리를 행하지 않는 사람에게는 진리란 있어도 좋고, 없어도 좋고, 아무래도 좋은 것이 되고 만다. 그러나 진리를 반드시 행하려고 하는 사람에게는 예수의 가르침이 예수 개인의 것인지, 우주적인 진리인지 알 수 있게 된다는 말이다.

스스로 말하는 자는
자기 영광만 구하되

그 개인의 것을 내세우는 자는 자기 자신이 칭찬 받는 것으로 만족하지만,

보내신 이의 영광을 구하는 자는 참되니
그 속에 불의가 없느니라.

개인의 것이 아니고 전체의 것이 되어야 그것이 정말 진리

가 되며 그 속에는 조금도 잘못된 것이 없다.

모세가 너희에게 율법을 주지 아니하였느냐.
너희 중에 율법을 지키는 자가 없도다.

모세가 율법을 주었지만 그 당시에 제대로 율법을 지키려고 하는 사람이 하나도 없다는 말이다.

너희가 어찌하여 나를 죽이려 하느냐.

모세의 율법 중에는 살인치 말라고 되어 있는데 왜 자꾸 나를 죽이려고 하느냐. 그 당시 종교적인 지도자들이 다 모세의 추종자들인데 왜 율법을 따르지 않고 나를 죽이려 하느냐라고 예수께서 되묻는 것이다.

무리가 대답하되 당신은 귀신이 들렸도다.
누가 당신을 죽이려 하나이까.

사람들이 예수가 마귀든 사람이라고 말하고, 속으로는 예수를 죽이려고 하면서도 겉으로는 그런 마음이 없는 것처럼 거짓말을 하고 있는 것이다. 악마의 조건이 곧 사람을 죽이려는 것과 거짓말하는 것인데, 결국은 예수를 죽이려는 이 사람들이 악마인데 거꾸로 예수보고 악마가 든 사람이라고 몰아 부치는 것이다.

예수께서 대답하여 이르시되
내가 한 가지 일을 행하매
너희가 다 이로 말미암아 이상히 여기는도다.

예수께서 안식일에 베데스다 못가에서 38년 동안을 걷지 못한 병자를 낫게 해 준 일이 있는데 그것을 사람들이 문제 삼아 예수를 박해하기 시작했다.

모세가 너희에게 할례를 행했으니
(그러나 할례는 모세에게서 난 것이 아니요
조상들에게서 난 것이라)
그러므로 너희가 안식일에도 사람에게 할례를 행하느니라.

이 할례라는 의식은 지금 기독교에서 세례를 주는 것과 비슷한 것으로 생각하면 된다. 그런데 그 당시 할례는 왜 하였나 하는 문제에 대해 여러 가지 의견이 있다.

창세기 17장에 보면 하나님께서 아브라함에게 축복을 내려 너의 자손이 번성케 하리라, 하시고, 너의 후손 중 남자는 다 할례를 받게 하라는 명령을 내리게 된다. 할례란 지금의 포경수술과 같은 것으로 요즘에도 어린애 때 병원에서 많이 시술한다고 한다. 왜 그렇게 한 것인지 잘 모르지만 학자들의 연구에 의하면 그 당시 그곳에 그러한 시술을 하지 않으면 안 되는 풍토병 같은 것이 있지 않았나 추정한다. 이스라엘의 북쪽지방인 바빌론, 아시리아, 그리스, 로마 등지에는 없는 관습인데 이스라엘

남쪽지방과 이집트에서 행하는 관습으로 알려져 있다.

이 할례는 태어난 지 팔일 만에 하도록 성경에는 되어 있는데 어릴 때에 통증을 잘 느끼지 못할 때 할례를 하는 것으로 되어 있다. 이 의식은 모세 때부터 시작된 것은 아니고 그 선조인 아브라함 시대 때부터 내려오던 관습이었다. 유대인들은 이러한 관습을 철저히 지키는 사람들로 유대인 남자들은 전체가 이 할례를 다 받았으며 나중에는 이 할례를 했는지 여부가 유대인을 가려내는 표식이 되었다. 2차 대전시 히틀러가 유대인을 학살할 때 유대인들을 찾아내는 방법이 바로 이 할례를 했는지 여부를 확인함으로써 구별할 수 있었다는 일화가 있다. 그래서 이 할례라는 것이 유대인을 상징하는 하나의 표식이 되고 말았다.

모세의 율법을 범하지 아니하려고
사람이 안식일에도 할례를 받는 일이 있거든
내가 안식일에 사람의 전신을 건전하게 한 것으로
너희가 내게 노여워하느냐.

그런데 이 할례만큼은 안식일에도 할 수 있게 하였다. 마치 요즘 예방접종을 어린애에게 하듯이 안식일에도 할례는 하도록 했는데 예수는 오래 동안 아프던 사람을 안식일에 낫게 해준 것이 무엇이 잘못된 일인가, 라고 사람들에게 되묻는 것이다. 너희들도 안식일에 다 할례를 행함으로써 병에 걸리지 않도록 하는데 내가 안식일에 아프던 사람을 낫게 해주는 것과 무엇이 다를 것이 있느냐. 그런데 왜 그것을 문제 삼아 나를 박해하고 죽이려고까지 하느냐 라고 예수는 사람들에게 묻고 있다.

문제는 안식일을 지키지 않았다는 것 때문인데, 이 안식일에 대한 것은 출애굽기 31장에 나오는 것으로 안식일을 지키지 않는 자는 죽일지니라, 라고 되어 있다. 그러니까 이 사람들은 안식일만은 절대 지켜나간다. 그런데 안식일을 지킨다는 것은 무엇을 말하는가 하면, 그 날은 성일聖日이니 아무 일도 할 수 없다는 것이다. 밥을 해도 안 되고, 불을 때어도 안 되고, 나무도 하러 갈 수 없고, 아무것도 하면 안 되고 그저 가만히 있어야만 하는 날이다. 이 사람들이 안식일을 얼마나 철저하게 지키는가 하면 전쟁이 났을 때 안식일이 닥치면 어떻게 하느냐가 문제인데, 실제로 마카비라고 하는 전쟁 때에는 적이 일요일 날 쳐들어 와서 수많은 사람이 죽임을 당한 적도 있었다. 그냥 그대로 앉아서 죽음을 당하고 마는 것이다.

더구나 주후 70년 예루살렘이 공격받을 때에도 안식일 날 공격을 받았는데 그때에도 유대인들이 그냥 앉아서 죽임을 당했다고 한다. 그러니까 얼마나 안식일에 대한 생각이 철저한지를 가늠할 수 있게 한다. 그래서 안식일에는 아무 일도 할 수 없게 되어 있다. 걸어 다니는 것도 880m까지만 걸어갈 수 있지 그 이상은 1m라도 더 넘어갈 수 없다. 그래서 안식일 날의 규칙이 매우 까다롭게 정해져 있어서 조금도 할 수 없는 일이

600여개가 정해져 있다고 한다. 물론 병 고치는 일도 안 되는 것이다. 그런데 예수께서 안식일에 병을 고쳤으니 큰 문제가 야기되는 것이다. 안식일을 범했으니 죽여야 한다라고 생각하는 것이다. 우리가 생각하면 아무 일도 아닌 것인데 그 사람들에게는 심각한 문제가 되는 것이다.

이러한 관습에 묶여 옴짝달싹 못하는 경우가 꼭 유대인에게만 있는 것은 아니다. 우리나라에서 대학을 꼭 나와야만 인정받는 것도 같은 맥락으로 생각해 볼 수 있다. 온 국민이 대학, 대학하고 야단들인데 생각해 보면 대학이라는 것이 아무것도 아닌 것인데 그것 가지고 꼭 얽매여서 야단치는 것을 보면 한심할 때가 있다. 다른 나라에서는 대학가는 것이 그렇게 중요한 일이 아닌데, 그 사람들에게는 한국 사람들이 대학 못 가서 야단치는 것을 보면 정말 이상하다는 생각까지 들 것이다.

나는 신학대학에 있으니까 한번 신학대학에 대해 생각해 보기로 한다. 일년에 신학대학 졸업생이 몇 명인가 하면 2천 명가량이다. 그런데 신학대학을 졸업하고 교회에 가서 부목사나 전도사의 자리로 가는 사람이 몇 명인가 하면 150명 정도 밖에 안 된다. 그러면 150명을 제외한 신학 졸업생들은 무엇을 해야 하는가. 그런데도 그 신학대학도 못 들어가서 그렇게 애를 쓸 수가 없다. 그런데 일단 들어오고 나면 공부도 하지 않는다. 시험까지 보지 않는 경우도 있다. 도대체 이런 짓들을 왜 해야 하는지 모르겠다. 더구나 요즘은 신학대학을 졸업하고 목사라도 하려면 대학원이라도 가야만 하게 되어 있다. 그 몇 천 명 졸업생 중에 대학원에 들어가는 학생들이 몇 명이나 되겠는가. 그렇게 할 것을 왜 신학은 전공하는지 모를 일이다. 외국에서 볼 때는 정말 한국사람 하는 일들이 미친 짓으로 밖에 보이지 않을 것이다. 왜 저렇게 쓸데없는 일을 할까 하고 한심해 할 것이다.

그런데도 우리는 그런 쓸데없는 일에 죽자 사자 하고 못 들어가서 난리를 피우는 것이다. 운전면허 시험 떨어졌다고 자살하는 것도 보았는데, 이런 것을 외국 사람들이 볼 때는 아무것도 아닌데 우리로서는 시험에 떨어졌다고 자살할 일이 되는 것이다. 대학 못 들어갔다고 자살하는 경우도 있는데 그것도 외국 사람들이 볼 때는 도저히 이해 못할 일이다. 어떤 인생이든지 다 고귀한 것인데 아무것도 아닌 것을 가지고 생명을 걸고 야단치는 것이다. 마치 유대 사람들이 안식일이나 할례 문제를 가지고 난리를 치는 것과 무엇이 다르겠는가. 우리가 볼 때에는 아무것도 아닌데 그것 가지고 이렇게 죽이자, 살리자 하고 야단인 것이다. 이것이 인간이란 것이다. 정말 인간처럼 꽉 막힌 것은 없다.

외모로 판단하지 말고 공의롭게 판단하라 하시니라.

정말 바로 판단하여 바르게 행할 수 있게 되어야 한다. 겉으로만 알아서 진실된 인생을 살지 못한다면 결국 쓸데없는 인생이 되고 만다.

기 도

감사하신 하나님,
오늘 하루도 당신의 뜻 가운데에서
살 수 있도록 도와주시고
우리의 온 정성과 뜻을 다하여
당신을 사랑하는 이 시간이 될 수 있도록
당신께서 인도하여 주시옵소서.
그래서 당신께서 저희를 구원하신
그 크신 은혜를 깊이 기억할 수 있게 하시고
언제나 당신 앞에서 똑바로 사는
저희들이 될 수 있도록 도와주시옵소서.

우리 모든 사람들이
우리의 조국을 사랑 할 수 있도록 도와주시고
우리의 가정을 사랑할 수 있도록 도와주시고
우리가 건전한 가정과 건전한 국가를 가지고
힘차게 사는 저희들이 될 수 있도록 도와주시고
이런 아름다운 가정과 국가들이
온 세계에 넘치게 하셔서
온 세계가 당신께 영광을 드러내는
그런 세계가 될 수 있도록 당신께서 도와주시옵소서.

이 시간에도 당신께서
저희들과 같이 하여주시기를 바라오며
예수님 공로 받들어 기도하옵나이다.
아멘.

25. 선서善逝

1993년 10월 31일

요한 7:25~36

예루살렘 사람 중에서 어떤 사람이 말하되
이는 그들이 죽이고자 하는 그 사람이 아니냐.
보라, 드러나게 말하되
그들이 아무 말도 아니하는도다.
당국자들은 이 사람을 참으로 그리스도인 줄 알았는가.
그러나 우리는 이 사람이 어디서 왔는지 아노라.
그리스도께서 오실 때에는
어디서 오시는지 아는 자가 없으리라 하는지라.

그리스도가 어디서 오는지를 모른다고 했는데, 대개는 하늘에서 온다고 생각하였을 것이다. 마가복음 13장 32절에 보면 인자人子가 오는 때는 아무도 아는 이가 없다. 하나님 아버지만 아신다고 되어 있다. 이런 내용을 보면 그리스도(인자人子)는 하나님께로부터 온다는 생각을 갖고 있었던 것 같다.

예수께서 성전에서 가르치시며 외쳐 이르시되
너희가 나를 알고
내가 어디서 온 것도 알거니와,

그러니까 사람들이 나사렛에서 온 예수라는 것을 다 알고 있다는 말이다. 그래서 예수는 그리스도가 아니다, 라고 생각하는 것이다.

내가 스스로 온 것이 아니니라.
나를 보내신 이는 참 되시니
너희는 그를 알지 못하나 나는 아노니
이는 내가 그에게서 났고
그가 나를 보내셨음이라 하시니

그러나 예수 자신은 결국 하늘에서 왔다는 것을 말하는 것이다. 예수의 몸은 땅에서 왔지만 예수의 정신(영혼)은 하늘에서 왔다는 것으로 오늘 배울 구절 중 가장 중요한 말이다.

그들이 예수를 잡고자 하나 손을 대는 자가 없으니
이는 그의 때가 아직 이르지 아니 하였음이러라.

요전 시간에도 때(시간)라는 것을 설명했는데, 이때가 가을

축제시기로서 예수가 죽게 되는 때는 이다음 해 봄이 된다. 그러니까 아직 반 년정도의 시간이 남아 있다. 그래서 아직 때가 오지 않았다는 말을 하는 것이다.

무리 중의 많은 사람이 예수를 믿고

예수를 죽이려 하는 사람도 있었지만 예수를 믿는 사람들도 많았다는 말이다.

말하되
그리스도께서 오실지라도
그 행하실 표적이
이 사람이 행한 것보다 더 많으랴 하니

진짜 그리스도가 왔다고 해도 이 이상의 표적을 행할 수 있겠는가, 라고 말하는 사람들도 있었다.

예수에 대하여 무리가 수군거리는 것이
바리새인들에게 들린지라.
대제사장들과 바리새인들이
그를 잡으려고 아랫사람들을 보내니
예수께서 이르시되,
내가 너희와 함께 조금 더 있다가
나를 보내신 이에게로 돌아가겠노라.
너희가 나를 찾아도 만나지 못할 터이요,
나 있는 곳에 오지도 못하리라 하시니

이에 유대인들이 서로 묻되
이 사람이 어디로 가기에 우리가 그를 만나지 못하리요.
헬라인 중에 흩어져 사는 자들에게로 가서
헬라인을 가르칠 터인가.
나를 찾아도 만나지 못할 터이요,
나 있는 곳에 오지도 못하리라 한
이 말이 무슨 말이냐 하니라.

여기서 예수가 '간다'는 말은 죽는다는 것을 뜻한다. 예수는 죽어서 하늘나라로 간다는 말인데, 이 사람들은 예수가 다른 나라나 가는 것처럼 생각하고 있는 것이다. 그러니까 예수의 생각과 이 사람들의 생각이 맞지 않는 것이다. 또 예수의 생각이 우리의 생각과도 다른 것이다. 우리는 생사生死라고 하면 땅에서 나서 땅으로 가는 것을 말하지만 예수는 하늘에서 와서 하늘로 돌아가는 것을 말하고 있는 것이다. 그러니까 났다 죽느냐, 왔다 가느냐의 차이다.

석가의 이름이 열 개가 있는데 그 가운데 두 개가 여래如來와 선서善逝라고 하는데, 이 말도 왔다가 간다는 뜻이다. 소크라테스도 자기는 왔다가 간다고 했다. 조그마한 사람들은 났다가 죽는 것이고, 큰 사람들은 왔다가 가는 것이다. 그런 차이점이 있다. 그러니까 우리가 믿음을 얻는다는 말은 큰 사람이 되어 보자는 말이다. 우리도 왔다가 가는 사람이 되자는 것이다.

예수는 왔다가 가는 것을 확실하게 깨닫고 믿은 사람이고,

우리들은 그것이 아직도 확실히 믿어지지 않아서 자꾸 났다가 죽는 것으로만 알고 있지, 왔다가 간다는 생각이 희박하다. 예수 믿는다는 것이 바로 우리도 확실히 왔다 가는 것이지 났다가 죽는 것이 아니라는 믿음을 갖는 것을 말한다. 났다가 죽는 것은 동물이지 사람은 아니다, 란 것을 확실히 아는 것이다. 사람은 동물보다 차원이 높아서 왔다가 가는 것이 사람이지 났다가 죽는 것은 아니다, 라고 믿는 것이다.

조그마한 도랑에는 물이 있다가 곧 말라 없어지지만, 큰 강물은 마르는 법 없이 바다로 갔다가 하늘로 올라가 비가 되어 다시 내려와서 순환하는 것이다. 어디서 나왔다가 어느 곳에서 끝나는 것이 아니다. 그래서 노자는 장생불사長生不死라고 했다. 영원히 사는 것이지 죽음이라는 것은 없다는 말이다.

동학교주인 최제우는 자기의 호를 수운水雲이라고 했는데, 나는 땅에 와서는 물이고, 죽으면 하늘에 올라가서 구름이 된다는 말이다. 다 같은 생각이다. 오면 물이고, 가면 구름이 되는 것이다. 그것이 장생불사長生不死와 마찬가지 뜻이다. 우리도 마찬가지로 땅에서는 육신을 쓰고 있지만 하늘에 가면 천사처럼 될 것이다, 라고 믿는 것이다.

예수께서도 대답하셨다. 죽으면 어떻게 될까요, 라는 제자의 질문에 천사처럼 영체로 변할 것이다, 라고 했다. 영체라고 해도 좋고, 기체라고 해도 좋다. 선생님 기체후 일향 만강 하옵시고, 라는 말을 하는데 천사처럼 지금보다 훨씬 자유로운 체體를 갖게 된다는 말이다. 더 아름답고, 더 참된 어떤 모습을 가지고 살게 될 것이 아닌가. 그런 확신을 가지고, 그것이 바라는 것의 실상인데, 우리 마음속에 분명하게 가지게 되면, 그것이 보지 못하는 것의 증거가 되는 것이다. 그러한 것을 우리 속에서 느끼면서 사는 것이다. 그것이 바로 성령의 역사를 느끼면서 사는 것이다. 가끔은 성령이 나를 찾아오신다, 라는 것을 느끼는 것이다.

영감이 떠오른다든지, 무엇인가 절대세계가 나와 부딪치는 느낌을 갖게 되어야, 보지 못하는 것의 증거가 되는 것이다. 그러니까 이 세상이 아니고 더 높은 세계가 있다, 우리는 죽으면 반드시 그곳에 간다, 그렇게 되어야 바라는 것의 실상이 된다.

그래서 히브리서 11장에 보면, 믿음의 조상들은 언제나 그것을 바라며 살았다는 말이 나오는데, 언제나 그런 희망을 가지고, 죽음이라는 것이 죽음이 아니고 더 높은 곳으로 가는 것이라는 확신을 갖고 사는 것이다. 그것이 선서善逝이다. 더 좋은 세계로 가는 것이다. 믿음은 곧 희망이다. 그런 희망을 가지고 사는 인생과 그런 희망이 전혀 없이 사는 인생을 우리는 비교해 볼 수 있다. 그런 희망을 갖고 살면 내일 죽는다고 해도 별로 걱정될 것이 없다.

예수는 제자들이 "주여, 어디로 가시나이까"라는 말에 "너희는 마음에 근심하지 말라. 하나님을 믿으니 또 나를 믿으라" 하고 담대하게 말하지, 자신의 죽음에 대해 조금도 두려워하거나 걱정하는 것이 없다. 왜냐하면 죽는 것이 아니고 가는 것이기 때문이다. 그러니까 '죽음이냐, 가는 것이냐'의 차이인 것이다. 이렇게 간단한 차이가 믿음을 갖고 있느냐, 아니냐의 차이를 말해주는 것이다.

실제로 이런 간단한 사실을 우리가 느끼고 살고 있는가 하는 것이 중요하다. 왜 그런 생각을 하게 되는가 하면 내 속에 어떤 증거가 있기 때문이다. 그러니까 절대세계, 하나님의 나라가 있다는 그 증거를 나는 언제나 나의 마음속에 가지고 산다. 쉽게 말하면, 진리를 깨달았다는 것도 그러한 증거를 가졌다는 말이다. 하나님 나라가 있다는 증거를 가졌다, 그것을 알게 되었다, 라는 것이 진리를 깨달았다는 말이지 다른 것이 또 있겠는가. 진리를 깨닫지 못했다고 하더라도 우리 마음속에 그러한 믿음을 가지고 산다는 것, 그것이 얼마나 중요한지 모른다.

요즈음에는 하도 암이 많으니까, 우연히 건강검진 결과가 암이라고 나왔다 하더라도 조금도 두려움 없이 대처할 수 있다. 몇 달이라도 더 살 수 있으면 좋고, 하루라도 진짜로 믿음을 갖고 살 수 있다면 그것으로도 만족할 수 있는 것이다. 아침에 도를 들으면 저녁에 죽어도 좋다, 라고 했는데 아직도 몇 달의 인생을 더 살 수 있다면 그것으로도 오히려 기뻐할 수 있는 것이다.

하루라도 우리가 참 믿음을 갖고 살 수 있다는 것, 그것이 얼마나 중요한지 모른다. 요한 웨슬리 같은 사람은 죽는 순간이 올 때, 일어나 깨끗이 몸을 씻고, 자기가 가장 좋아하는 찬송을 부르고, 그리고는 기도를 하고 모두에게 잘 있으라는 말을 하고 갔다. 정말 고향에 돌아가는 사람처럼 가는 것이지 죽는다고 두려워하거나 슬퍼하는 것이 일체 없었다. 우리 김활란 박사도 떠날 때, 나는 하나님 나라로 개선하는 것이니 장례식 같은 것을 절대 하면 안 된다고 하여 장례식이 아니라 개선음악회를 가졌다. 김활란 박사도 그런 믿음을 확실히 가진 분이었다. 하나님 나라에 가는 것이지 땅속에 들어간다는 생각이 전혀 없었다. 그 분의 유언에도 그런 말이 나온다.

파스칼도 39살에 죽었는데, 나는 이제 가면 더 튼튼한 몸을 받아 가지고 더 많은 일을 하려고 생각한다. 나는 가면 안식한다, 라는 생각은 절대 없었다. 나는 가면 더 열심히 일을 하려고 한다는 말을 한 것이다. 정말 몸도 약하고 비록 39살 밖에 못 살았지만 파스칼의 위대함을 보여주는 말이라고 생각된다. 일찍 죽는다고 해서 조금도 서운해 하거나 하는 것이 없었다. 우리도 이러한 점은 배워야 할 것이다.

내가 자꾸 말하는 우리 고봉수 할머니도 지난 화요일에 세상을 떠났는데, 그 전 일요일에 나에게 전화를 걸어 말하기를 목사님, 내가 곧 세상을 떠날 것 같은데 내 장례식을 좀 해 줄 수 있겠습니까, 라고 물었다. 그래서 내가 그렇게 하지요, 라고 대답했더니, 서울에서만 해주세요, 시골 장지까지 가시면 선생님 너무 시간이 많이 걸리니 그 곳에서는 다른 분에게 부탁하려고 합니다, 라고 다시 말했다. 학교 수업도 있고 하니 서울에서만 한 시간 정도 오셔서 잠깐 장례식만 맡아 달라는 것이었다. 그러고 나서 월요일 날 저녁까지도 책을 많이 보고, 화요일 아침에 일어나 쥬스 한 잔 마시고, 친구들에게 전화하여 잘 있으라는 말을 하고, 유언장도 미리 쓰고 10시쯤 자기 방에 들어가 다시 잠이 들었는데 12시에 그 집 며느리가 점심 드시라고 깨우러 가니까 벌써 세상을 떠나고 말았다고 한다. 그러니까 10시부터 12시까지 잠든 사이에 세상을 떠난 것이다.

정말 우리 고봉수 할머니는 믿음의 의인이라는 생각이 든다. 저 멀리 수유리에서 여기까지 늘 나왔는데 이번에 가보니까 정말 교통도 불편하고 나오기가 정말 힘들었을 것이라는 생각이 들었다. 세상 떠나기 넉 달 전까지 이곳에 나왔는데 나보고 말하기를, 다리에 힘이 없어 버스에 올라 탈 수가 없어 이젠 못 나갈 것 같습니다, 라고 하여 녹음한 테이프를 보내주어 듣도록 하였다. 그러고 나서 넉 달을 더 사시고 정말 깨끗하게 세상을 떠난 것이다. 나이 90이었는데 그렇게 정말 깨끗하게 세상을 떠나기도 쉽지 않다는 생각이 든다. 90의 나이에도 불구하고 넉 달 전까지 수유리에서 이곳까지 빠짐없이 참석한 것도 대단한 것이라고 생각된다.

하여튼 예수님께서는 나를 보내신 이에게로 떠나려 한다, 라고 했는데, 자신은 갈 데가 있다는 말이다. 사람이 갈 데가 있다는 것이 얼마나 좋은지 모른다. 일요일이 되면 이화대학 교회라도 갈 데가 있다는 것이 얼마나 좋은 것인지 모른다.

나는 6 · 25 때 제주도로 갔는데 더 갈 데가 없었다. 앞은 망망대해인데 더 나갈 데가 없었다. 그래서 그때 나는 '갈 데 없는 갈대' 라는 생각을 했는데 사람이란 것은 '갈 데' 가 있다는 것이 얼마나 좋은 것인지 모른다. 친구도 좀 있고 선생도 있어서 힘들고 어려울 때는 가서 털어놓고 얘기할 수 있는 그런 곳이 있어야 한다. 가지 못하면 전화라도 해서 마음을 열고 얘기를 나눌 수 있는 사람이라도 있어야 한다. 그런 곳도 없이 모든 곳이 꽉 막혀 혼자 두문불출하고 지낸다면 폐쇄증 환자가 되고 만다.

그래서 사람에게는 친구나 친척이나 선생이나 교회 같은 곳이 있어서 한 번쯤 툭 털고 일어나 만날 수 있고, 찾아 볼 수 있는 곳이 있다는 것이 정말 좋은 것이다. 세상에 살아 있을 때에도 갈 데가 있다는 것이 좋은 것이다. 요즘에는 경로증만 있으면 지하철은 그냥 탈 수 있으니까 서울 어느 곳이라도 갈 수 있다. 그것만 타면 관악산도 갈 수 있고, 도봉산도 갈 수 있다.

산에 가면 막힌 곳이 없다.

어제도 소동파의 적벽부를 읽었는데 청풍靑風과 명월明月은 아무도 방해하는 사람 없이 즐길 수 있다고 되어 있다. 청풍과 명월은 누구나 가질 수 있고 즐길 수 있는 것이다. 그것은 막을 사람이 없다. 소동파는 말하기를 청풍과 명월만 즐길 수 있다면 더 바랄 게 무엇이 있겠는가, 라고 했다. 영화는 못 보아도 명월은 볼 수 있고, 에어컨은 없어도 청풍은 쐴 수 있지 않겠는가, 그래서 소동파는 청풍명월만 있으면 자기는 족하다는 것이다. 그래서 소동파는 그것 두 가지로도 행복할 수 있는 사람이다. 얼마나 좋은 말인가. 밝은 달을 바라보며 시원한 바람을 쐴 수 있다는 것, 그것만으로도 행복한 인생이 될 수 있다.

우리가 이 세상을 살면서도 갈 데도 있고, 마음 열고 털어놓을 수 있는 곳이 있다면 그것도 정말 좋은 것이라는 생각이 든다. 그래서 친구나 선생을 만나고 교회를 찾아가서 자기의 마음을 새로워지게 하고 올라감을 느끼고 사는 것도 좋은 것이다.

우리가 근 이 년에 걸쳐 양명의 전습록을 읽어 왔는데 그것도 얼마나 좋은지 모른다. 여러분은 어떻게 느끼는지 모르겠지만 나는 정말 좋다는 생각이 든다. 400년 전에 살던 사람이 어떻게 그런 말을 했는지 지금 그런 말을 한다고 해도 조금도 시대에 뒤떨어진 말이 아니라는 생각이 든다. 400년 전에 그렇게 치밀한 논리로 우리에게 말해 줄 수 있다는 것이 놀랍기만 하다. 전습록 끝나고 나면 더 공부할 책이 없을 것 같다. 그보다 더 나은 것을 보아야 할 텐데 더 나은 책을 구할 수 없을 것 같다. 그런 좋은 책을 우리가 공부했다는 것, 그것도 얼마나 좋은 일인지 모른다. 그래서 무엇이든지 자기가 사는 것이 정말 행복하다고 느껴질 수 있도록 살아야 한다.

나는 옛날 유영모 선생님의 집회에 다닐 때가 가장 행복했을 때였다는 생각이 든다. 지금 생각해도 마찬가지다. 그때 유영모 선생의 YMCA 집회에 다닐 때 모이는 사람이라고는 고작 너 댓 명밖에 안 될 때도 있었지만, 녹음기라도 있었다면 녹음이라도 해두었으면 좋았을 터인데 녹음도 못해 두고 그냥 다 흘려버리고 말았는데, 그때 6년 동안 선생님의 강의를 들을 때가 나의 일생에 가장 행복한 때였다는 생각이 든다. 왜냐하면 그때가 내가 정신적으로 가장 높이 올라갔을 때이기 때문이다. 그때처럼 나의 정신이 높이 올라간 때가 없었다. 그런 계기를 주었다는 의미에서, 나는 유영모 선생을 가졌다는 것이 일생의 한없는 행복이라는 생각을 한다. 하여튼 선생을 갖든, 친구를 갖든, 아니면 누구를 갖든지 간에 정말 자신의 생명이 약동을 느끼고 살 수 있게 된다면 그것으로 좋은 것이다.

그래서 여기서도 예수님께서 나는 갈 데가 있다. 그렇지만 너희들은 아직 내가 가는 곳을 모른다, 라는 말을 하는데, 그 당시에는 사람들은 이 말이 무슨 말인지 잘 몰랐을 것이다. 소인들은 알 수 없고, 정말 큰 대인만이 알 수 있는 그런 세계, 그 세계를 여기서는 하나님 나라라고 하는데, 그 하나님 나라를 예수께서는 멀리 바라보면서, 서른셋의 나이에 자신이 6개월 후면 죽는다는 것을 생각하면서 이런 말을 하는 것을 보면, 예수가 얼마나 위대한 사람인가를 알 수 있다. 그것도 병들어 죽는 것도 아니고, 다른 죄가 있어 죽는 것도 아니고, 다만 그 당시에 자기를 이해하지 못하는 사람들에 의해 맞아 죽게 되는 것이다.

하나님의 아들이라는 것은 말할 것도 없고, 인간적으로 보아도 얼마나 위대한 사람인가를 생각할 수 있게 해주며, 6개월 후면 죽을 것인데도 그 6개월 동안도 정말 하나님의 뜻을 이루기 위해 하루도 쉬지 않고 죽기 전 시간까지, 십자가에 달려서까지도 그렇게 애쓰는 모습을 생각할 때, 예수의 나라 사랑과 민족 사랑과 인류 사랑을 넘치도록 느끼게 해준다. 아까 양명도 나라 사랑 때문에 그렇게 한다, 라는 말이 있었는데 예수야말로 인류를 사랑하는, 그런 충정 없이는 어떻게 그런 수난을 다 겪을 수 있었을 것인가. 그런 것을 보면 정말 예수란 사람이 한없이 위대하고, 한없이 높은 사람이라는 것을 느끼게 만드는 것이다. 그런 사람이 이 세상에 나왔다는 사실 하나만 가지고서도 우리 인류는 행복할 수 있는 것이다. 그런 사람이 우리 사람 속에서 나올 수 있었다는 것, 그것이야말로 정말 대단한 일이 아닐 수 없다.

그래서 죽음이라는 것이 죽는 것이 아니고 간다는 것을 우리가 정말 확실히 믿고 우리도 한번 깨끗하게 이 세상을 떠날 수 있게 되어야 할 것이다. 소크라테스는 하루하루 산다는 것, 이것이 죽음의 연습이다, 라 하였다.

소크라테스도 죽임을 당하기 전 얼마든지 도망칠 수 있었지만 도망치지 않고 계속 제자들을 가르치며, 나중에 사형이 한 달 동안 연기되었는데, 그 기간 동안에도 어떻게 하면 제자들에게 영혼불멸이라는 것을 이해시킬 수 있을까 하여 모든 노력을 다 기울여 갔다. 그래서 그러한 내용이 플라톤의 『크리톤』, 『소크라테스의 변명』, 『파이돈』 같은 글 속에 나오는데 그 속에 보면 죽는 것이 죽는 것이 아니라 하나님 나라에 간다는 것이라는 것을 설명하기 위해서 정말 애를 썼다는 사실을 알 수 있게 한다.

독약을 마시고 발바닥부터 몸이 굳어져 올라오는데도 두 마디의 말을 제자들에게 하게 되는데, 자기가 독약을 먹고 죽는데 죽게 되는 것이 이 약의 덕이니까 이 약에게 감사하고 죽어야 하는데, 약을 다스리는 신神에게 제물을 바쳐 달라고 부탁하고 죽게 된다. 이런 것을 보면 서산에 태양이 넘어가는 것처럼 장엄하게 소크라테스는 죽어가는 것이다. 자기를 죽이는 사람을 하나도 원망치 않고 독약에까지도 감사를 드리면서 유유히 이 세상을 떠나가는 여유와 위대함을 느끼게 한다.

소크라테스는 자기가 죽기 전날 밤에 하얀 학을 타고 날아오르는 꿈을 꾸게 된다. 우리도 죽으면 흰옷을 입은 천사가 될 것이란 생각을 하는데, 소크라테스도 자기가 죽으면 하얀 흰옷을 입고 하얀 학을 타고 하늘로 날아간다고 생각하고 그 꿈 이야기를 죽는 날 아침 제자들에게 한다. 그리고는 오늘 나는 가니까 너희들은 잘 있거라. 우리 아이들이 잘못되지 않게 너희들이 잘 이끌어 주기 바란다, 라고 부탁하고는 죽는다.

그래서 주자朱子는 말하기를, 죽음이 없으면 사람에게 가치가 없고, 삶이 없으면 사람에게 의미가 없다, 라는 유명한 말을 하게 되는데, 이것을 우리는 깊이 생각해 보아야 한다. 그래서 죽음이라는 것이 가장 가치있는 것으로, 삶이라는 것이 가장 의미있는 것으로 생각하면서 살게 되면, 산다고 해도 의미가 있고, 죽는다고 해도 가치가 있는, 그래서 정말 생사生死를 넘어서 왔다가 가는, 그런 인생을 가질 수 있게 될 것이다.

그것이 오늘 배운 예수님 말씀의 깊은 뜻이라는 것을 우리는 알아야 할 것이다.

기 도

늦은 가을을 맞이해서
많은 낙엽들이 지는 그런 계절입니다.

오늘도 저희들이 한자리에 모여
당신의 말씀을 생각하고
어린 양 보좌의 근원에서 생기는
참 생명의 말씀을 얻기 위해서
오늘도 여기 모였사오니
당신께서 저희들에게
생명의 말씀을 허락하여 주시고
저희들로 하여금
참 사는 사람들이 될 수 있도록
인도하여 주시옵소서.

그래서 저희들이 눈을 뜨고
우주를 한 번 볼 수 있고
이 세계를 한 번 볼 수 있고
이 나라를 한 번 볼 수 있고
이 집을 한 번 볼 수 있고
또 나 자신을 볼 수 있는
그런 사람이 될 수 있도록
당신께서 이 시간도 같이 하여 주시옵소서.
이 모든 말씀
예수님 이름 받들어 기도하옵나이다.
아멘.

26. 예수의 인격

1993년 11월 7일

요한 7:37~39

명절 끝날 곧 큰 날에

이 초막절 축제가 여드레 동안 계속 된다고 했는데, 이 마지막 날에는 샘에서부터 물을 길러다가 성전 주변에 물을 붓는 의식이 있었다고 한다. 주석에 상세한 설명[1]이 나와 있는데, 그렇게 물을 들고 제단 주위를 일곱 번 도는 의식을 행하였는데 그것을 보면서 예수님께서 가르침을 폈다는 이야기가 있다. 마지막 날이 축제의 가장 절정이라고 할 수 있다.

1. 고병려(1987), p. 138 〈축제 주간의 마지막날이면 7일째 되는 날인데 이 날에 제사장들은 실로암 못에서 길어온 물을 들고 제단의 주위를 일곱번 도는 의식을 거행한다. 예수께서는 그것을 보시면서 펴 가르치신 교훈이라고 주장하는 주석가들도 있다.〉

예수께서 서서 외쳐 이르시되
누구든지 목마르거든 내게로 와서 마시라.

누구든지 마음에 고민이 있는 사람은 다 와서 나의 말을 들어라. 그러니까 말하고 묻하고 자꾸 연결이 되는 것이다.

나를 믿는 자는 성경에 이름과 같이
그 배에서 생수의 강이 흘러나오리라 하시니,

이 37절, 38절이 유명한 말이다. 다 나에게로 와서 내 말을 들어라. 나를 믿는 자는, 내 말을 듣고 진짜로 깨닫는 사람은, 성서에 쓰여져 있듯이 그의 마음속에서 생명의 강물이 흘러내릴 것이다.

여기서 말하는 성서의 내용은 예레미야 31장 31절부터 시작되는 말씀인데, 예레미야 31장 33절에 보면, 나 여호와가 말하노라, 이제 내가 너희들에게 새로운 언약을 세우리라. 그 새로운 언약이란 무엇인가 하면, 너희 마음속에 다 하나님의 말씀을 집어넣어 주겠다. 그리고 너희 마음에 그 말씀을 기록하여 나는 너희들의 하나님이 되고, 너희들은 내 백성이 될 것이니라. 그러므로 다시는 다른 사람으로부터 하나님을 알려고 애쓸 필요가 없다. 누구든지 다 나를 알고 있음이니라. 그러니까 너희 속에서 누구든지 생명의 샘이 강물처럼 흘러내릴 것이다, 라는 말이다.

구약에서 가장 유명한 말 한마디를 고르라면 바로 이 말이라고 할 수 있을 정도로 중요한 말이다. 예수께서도 이 말씀을 잘 알고 있었고, 실제로 예수님의 마음속에서도 생명의 강물이 샘솟듯 솟아 나온 것이다. 그러한 것을 예수께서 느끼시면서, 나를 믿는 자는, 성서에 쓰여져 있듯이 그의 마음속에서 생명의 강물이 흘러내릴 것이다, 라고 말했는데 내 마음속에서만 생명의 강물이 솟아 나오는 것이 아니라 너희들의 마음속에서도 생명의 강물이 솟아나올 것이다, 라고 말씀하는 것이다. 나는 성경에서 이 말이 제일 좋은 말 같다. 그러니까 예수님 마음속에서만 솟아 나오는 것이 아니고, 우리들 마음속에서도 생명의 강물이 흘러나온다는 말이다. 그리고 이것에 대한 설명을 덧붙이기를,

> **이는 그를 믿는 자들이**
> **받을 성령을 가리켜 말씀하신 것이라**
> **(예수께서 아직 영광을 받지 않으셨으므로**
> **성령이 아직 그들에게 계시지 아니하시더라).**

이 말씀은 그를 믿는 사람들이 받기로 되어 있는 성령을 가리켜 하신 말씀이었다, 라고 했는데, 이 말은 요한이 이것을 쓰면서 주석을 붙인 것 같다. 그러니까 우리 속에 있는 샘물이란 것이 무엇인가 하면 성령이란 말이다. 예레미야 31장에는 너희 속에 법을 집어넣어 준다고 되어 있는데 예수님께서는, 요한복

음 14장, 15장에서 너희 마음속에 성령을 집어넣어 준다고 한다.

구약시대에는 율법이라는 말을 썼지만 예수님께서는 성령이란 말을 쓴다. 그러니까 우리 속에 성령이 오게 되고, 그 성령이 말씀이 되어 솟아나올 것이란 말이다. 그러므로 우리는 이것을 삼위일체三位一體로 생각해야 한다. 태초에 말씀이 있었으니, 말씀이 하나님과 같이 있으니, 말씀이 곧 하나님이라. 이것은 또 태초에 말씀이 있으니, 말씀이 예수님과 같이 있으니 예수님이 곧 말씀이라, 가 되고, 또 다시 태초에 말씀이 있으니, 말씀이 성령과 같이 있으니, 성령이 곧 말씀이라, 가 되는 것이다. 이렇게 하나님이란 말에 예수님도 대입해 볼 수 있고, 성령도 대입해 볼 수 있다.

그런데 성령聖靈이란 말을 순수한 우리말로 하면 '얼'이라는 말이다. 그리고 '얼'이라는 말이 우리에게 가장 가까운 말은 '얼음'이란 말이다. 얼음이 녹으면 물이 된다. 우리나라의 백두산이 기껏해야 높이가 2,744m 밖에 안 되니까 여름이 되면 꼭대기에 눈이 다 녹고 만다. 그런데 산의 높이가 3천m 이상이 되면 눈이 남아 있게 된다. 일본의 후지 산을 보면 3,200m가 되는데, 내가 예전에 후지 산을 8월에 올라갔는데도 산꼭대기에 눈이 남아 있었다. 유럽에 있는 4천m가 넘는 산에 가보면 그곳은 눈과 얼음덩이로 덮여 있다.

요전에 미국에 갔을 때 요세미티에 가 보았는데 요세미티 폭포와 네바다 폭포 등 물이 굉장히 많았는데 이 물의 근원이 어디서 나오길래 이렇게 많은 수량이 나오는가 하고 5시간가량을 자동차를 타고 더 올라 가 보았더니 역시 그곳에는 눈이 덮여 있었다. 그 아래쪽은 호수인데 여름이어서 햇볕을 받아 수온이 높아 아이들이 수영을 하고 있었다. 그때 같이 올라갔던 사람이 물리학 박사였는데 어떻게 이렇게 햇볕이 내려 쬐는데도 얼음이 녹지 않느냐고 물어 보았더니 자기도 잘 모르겠다고 대답했다. 그러니까 호수 위쪽으로는 얼음과 눈이 그대로 녹지 않고 남아 있었다. 그 얼음과 눈이 계속 녹아내리니까 요세미티 폭포가 수량이 풍부한 것이다. 요세미티 폭포는 800m의 높이로 계속 떨어진다고 한다.

스위스에 가서도 알프스 산의 눈과 얼음이 녹아서 내리는 물을 보면 정말 장관이다. 그래서 그 물이 흘러 내려가 라인 강을 이루어 강 뚝이 꽉 차게 흘러 내려간다. 바젤 부근에 가보면 강물이 어떻게 많은지 그 물을 이용하여 전기를 생산해 소련에까지 공급한다는 말을 듣기도 했다. 그래서 그 곳에는 물이 끊어져 걱정하는 일이 없다고 한다. 사시사철 얼음이 녹아 내려오니까 물 걱정이 없는 것이다. 이런 것을 가만히 생각해 보면 우리나라에는 그러한 얼음이 항상 있는 산이 없다는 것이 안타까울 때가 있다.

이와 같이 얼음이 녹아서 내려오는 것이 물이라면 얼음이 곧 얼과 같으니까 얼이 녹아 내려오는 것이 말씀이라고 생각하면 된다. 얼이라는 것이 성령聖靈이라고 했는데 이 성령이 녹아 내려오는 것이 말씀이다. 얼이 녹으면 말씀이 되는 것이다. 우리나라에도 높은 산이 있어서 얼음이 사철 녹아 내려오면 언제나 깨끗한 물이 항상 내려올 수 있을 것이다.

그런데 예수란 사람은 어떤 사람인가 하면 예수는 속에 얼을 가진 사람이다. 그래서 예수를 큰 얼을 가진 사람이다, 라고 하여 대령大靈이다, 라는 말을 하기도 한다. 예수 같은 사람은 에베레스트 산 같은 사람이란 말이다. 그러니까 사철 얼음이 덮여있다. 얼음이 덮여있다라 해도 되고, 하나님 품속에 있다라고 해도 된다. 하나님이 누구인가, 하나님이 얼음이다. 하나님은 영이시니, 라는 말이 있는데 하나님은 얼이란 말이다. 하나님은 얼음이시니까 그 품속에 있는 예수로부터 계속해서 얼음 녹은 물이 흘러 내려오는 것이다. 이것이 소위 생명의 말씀이 강같이 흐른다는 말이다. 사람에게는 이렇게 얼음을 가져야 그것이 쉬지 않고 흘러내릴 수 있게 된다.

장자의 대종사라는 장에 나오는 유명한 말이 있는데, 대종사는 가장 종교적인 내용으로 되어 있는 글이다. 대종사라는 것이 기독교로 말하면 그리스도 론論과 같은 말이다. 제일 큰 선생님이 누구냐, 란 말이 대종사의 내용이다. 어상조호수魚相造

乎水, 물고기는 꼭 물이 있어야 산다. 인상조호도人相造乎道, 사람은 꼭 말씀이 있어야 산다. 그러니까 물고기가 물속에서 사는 것처럼, 사람은 말씀 속에서 살게 되어 있다. 이것이 인간의 신비이고 본질이라면 본질이다.

사람은 말속에서 산다. 그것이 사람이 동물하고 다른 점이다. 사람은 말이 없으면 죽은 것이나 다름없다. 상조호수자相造乎水者, 그런데 물고기를 기르려면 어떻게 해야 하는가. 천지이양급穿池而養給, 우물을 파서 물을 공급하여야 한다. 상조호도자相造乎道者, 그러면 사람은 어떻게 해야 하는가. 무사이생정無事而生定, 인간적인 세계를 초월해야 한다. 노자에는 무사無事니, 무위無爲라는 말을 많이 쓰는데 여기서 사事는 인간적인 일로 보면 된다.

아까 높은 산이 인간세계를 초월해서 높이 솟아 있는 것처럼 인간적인 세상을 초월해야 그곳이 생정生定이라고 했다. 얼음물을 만들어야 한다. 어상망호강호魚相忘乎江湖, 그렇게 되면 물고기들은 강으로 갈 필요가 없다. 집에서 계속 솟아나는 샘물을 먹으면 되는 것이다. 인상망호도술人相忘乎道術, 사람들은 교회에 갈 필요가 없다. 생수가 자기 속에서 솟아 나오기 때문이다. 이렇게 하여 결론은 무엇인가 하면, 기어인이모어천畸於人而侔於天, 사람에게서 나오는 것이 아니고 하늘에서부터 나오는 것이다. 모侔 자는 친구라는 뜻인데, 사람 가지고는 안 되고 하늘에서 주어져야 한다는 말이다. 그러니까 샘물은 하늘에서 나와야지 사람의 생각 가지고는 안 된다는 말이다. 말씀은 하나님께로부터 와야 그것이 진짜 말씀이지 사람들의 말은 진짜가 아니란 말이다.

사람들에게서 나오는 물은 시궁창 물이지 진짜 먹을 수 있는 물이 못된다. 요즘 수돗물의 수질이 떨어져서 먹는 물을 사 먹어야 하는 형편인데 하수도 물이야 더러워도 좋지만, 먹는 물만은 진짜 깨끗한 물이 되어야 한다. 정말 차고 깨끗한 샘물이 되어야 한다. 이렇게 차고 깨끗한 샘물은 어디에서 와야 하는가. 그것은 하늘에서 와야지 다른 데에서는 올 데가 없다. 하나님에게로부터 와야지 다른 데에서는 올 데가 없다. 또 그리스도로부터 와야지 다른 데에서는 올 데가 없다. 다시 말하면 성령으로부터 와야지 다른 데에서는 올 데가 없다.

그러니까 우리가 생각해야 할 것은 어떻게 하면 우리 속에 성령을 모시고 살 수 있나, 라는 것이다. 늘 그것을 생각해야 한다. 어떻게 하면 내 속에 성령을 모시고 살 수 있을까. 그렇게 되려면 우리의 마음속이 한없이 높아져야 한다. 높은 경지에서 살아야만 한다. 그것이 무사無事이다. 정말 이 세상을 초월해서 높이, 하늘 높이 솟아올라야 그곳이 생정生定이다. 찬물이 솟아나게 되는 것이다.

그러니까 제일 중요한 것은, 이 세상을 초월할 수 있는 높은 경지를 가야 한다는 것이다. 그러면, 그러한 높은 경지로 가려면 어떻게 해야 하는가 하면 우리의 도덕적인 수준을 높이 끌어올리는 수밖에는 길이 없다.

그런데 왜 중국 사람들이 길 도道 자를 자꾸 쓰는가 하면 도덕적인 수준이 높아져야 거기에서 말이 나온다는 것이다. 그러니까 길 도道 자인 동시에 말씀 도道가 되는 것이다. 도덕적인 수준이 낮으면 시시한 소리밖에 나올 수 없다. 그래서 이 도덕적인 수준을 높이는 것, 그것이 매우 중요하다. 이 도덕적인 수준을 높이자면 또 어떻게 해야 하나. 우리가 자꾸 말하는 철학을 깨쳐야 한다는 것이다.

내가 늘 말하는 중용中庸 1장 1절에 나오는 천명지위성天命之謂性 솔성지위도率性之謂道 수도지위교修道之謂教이다. 내가 이번 미국에 갔을 때도 이것을 가지고 얘기했다. 그러니까 종교라고 하는 것이 무엇인가. 가르친다고 하는 것이 무엇인가. 그것은 샘물을 공급하는 것이다. 예수께서 오늘 구절에서 말한 것처럼 누구든지 목마르면 다 나에게 와서 물을 마시라, 라고 했는데 바로 나에게 와서 내 말을 들으라는 말이다. "내 말을 들어라"고 하면서 시궁창 물을 먹일 수는 없다. 반드시 깨끗한 샘물을, 깨끗하고 참된 말을 해야 한다. 그렇게 샘물을 퍼부어 주는 것, 참된 말을 해주는 것, 그것이 설교다. 그러니까 그런 설교에서 나온 말이 경經이 되는 것이다.

성경聖經이란 무엇인가 하면 그러한 참말을 말하는 것이다. 그런데 참말이 나오려면 어떻게 해야 하나. 수도지위교修道之謂敎이다. 도덕적인 수준이 한없이 높아져야 한다. 도덕적인 수준이 높아야 참말이 나오지 도덕적인 수준이 낮으면 참말이 나올 수가 없다.

우리가 이것을 인격人格이라고 하는데, 인격의 수준이 높아야지 그 수준이 낮아 가지고는 참말이 나올 수가 없다. 그래서 세상에서 가장 어려운 것이 설교하는 일인 것이다. 그것은 아무나 하는 일이 아니다. 성경 몇 구절 해석했다고 해서 설교가 되는 것은 아니다. 그러니까 목사는 아무나 하는 것이 아니다. 하나님의 말씀을 대변한다고 하는데 감히 사람이 어떻게 그 일을 할 수 있겠는가. 요즘에는 신부가 없어지고 목사가 많아졌는데, 내가 직업으로 목회를 한다고 하지만 목사라는 것이 직업으로 되는 것은 아니다. 그것이 장사하는 것이라면 몰라도, 장사하는 것도 쉽지 않은 것인데, 요즘은 장삿속으로 목사 하는 사람들도 있다고 한다. 어떻게 그것으로 일생을 목사로 보낼 수 있는가. 정말 생명의 말씀을 해야 되는데 그러기 위해서는 인격적인 수준이 높아져야지, 도덕적인 수준이 높아야지, 낮으면 할 수가 없다.

우리가 한경직 목사 그러면 누구나 한경직 목사를 믿는 이유는 역시 그 사람은 거짓말하는 사람이 아니고 참말을 하는 사람이다, 라고 생각하기 때문이다. 한경직 목사의 설교를 읽어 보면 틀린 말이 하나도 없다. 물론 다 평범한 이야기이지만 그래도 영락교회에 그렇게 많은 사람들이 모여드는 이유는 그 사람의 말이 신기하거나 뛰어나서 모여드는 것이 아니라 한경직 목사라는 사람의 인격이 높기 때문이다. 그의 인격이 중요하지, 말이야 무슨 특별한 말이 있을 수 있겠는가.

예수도 마찬가지다. 예수가 특별한 말이 있을 수 있겠는가. 오늘 배운 요한복음 7장 37절, 38절도 구약의 예레미아 31장 31절이나 같은 말이지 무엇이 특별한 것도 없다. 그런데도 우리가 왜 예수, 예수하고 찾게 되는가 하면 예수의 인격이 한없이 높기 때문이다. 한없이 높은 인격에서 말이 나오니까 그 말이 진리가 되는 것이다.

그러면 또 예수는 어떻게 해서 그렇게 높은 인격을 갖게 되었나. 솔성지위도率性之謂道이다. 예수는 깊이 철학을 한 사람이다. 깊이 생각을 한 사람이다. 우리가 다른 것은 잘 모르지만 성경에 나온 것을 보면 예수는 40일을 금식기도 했다고 되어 있다. 공자는 발분망식이라고 했는데, 너무 열중하다 보면 밥 먹는 것도 잊어 먹게 된다는 것이다. 예수는 40일을 밥 먹는 것도 잊어 먹었다고 하니 얼마나 깊이 생각에 열중했는지 알 수 있다. 예수는 자기 속으로 한없이 깊은 생각에 빠져 든 것이다. 그러니까 온 세상 사람들이 다 달라붙어 이런 저런 질문을 해도 조금도 막힘없이 대답해 내는 것이다. 그래서 예수는 굉장히 깊이 생각해 나간 사람이었다는 것도 우리가 알아야 한다. 교회에서는 예수가 철학자이다, 라고 하면 이단이라고 하고, 또 예수는 도덕가이다, 라고 하면 이단이라고 하고, 예수가 종교가이다, 라고 해야 인정을 하겠지만, 우리는 그렇게만 생각해서는 안 된다.

역시 예수의 종교가 어디에서 나왔나 하면 산상수훈山上垂訓이라는 높은 도덕에서 나온 것이다. 세계에 그렇게 높은 도덕이 어디에 있겠는가. 그러니까 괴테 같은 사람도 온 세상 종교가 다 달라붙는다 해도 산상수훈을 따라갈 종교는 없다, 라는 말을 하는 것이다. 그런데 이 산상수훈 같은 높은 도덕적인 수준이 어떻게 나왔는가. 40일 금식기도라는 깊은 철학적인 사색에서 나오지 그것 없이 어떻게 나올 수 있었겠는가. 그러니까 40일 금식기도가 나오고, 5장에 산상수훈이 나오게 되며 그다음부터 6장, 7장으로 계속 이어지는 것이다. 그러므로 종교의 근원이 도덕이고, 도덕의 근원이 철학이 되는 것이다.

그래서 이 도덕의 세계라는 것이 무엇인가 하면 행함으로 구원을 얻는다는 것이다. 종교의 세계라는 것은 무엇인가 하면 믿음으로 구원을 얻는다는 것이다. 그런데 철학의 세계라는 것은 무엇인가 하면 말씀으로 구원을 얻는다는 것이다.

그래서 내가 자꾸 강조하는 것이 그것이다. 말씀으로 구원을 얻는다는 것이 가장 근대적인 사고이다. 고대에는 역시 행함으로 구원 얻는 것이 고대이다. 모세의 시대가 바로 그것이다. 그런데 중세라고 하는 것은 믿음으로 구원 얻는 시대였다. 그런데 근대라고 하는 시대의 특징은 말씀으로 구원을 얻는 시대이다. 그러니까 모세의 시대가 지나가고, 그다음에는 바울의 시대가 오는 것이다. 바울의 시대가 지나가고, 그다음에 나타나는 것이 요한의 시대라는 것이다. 우리가 지금 요한복음을 보는 것이 시대적으로 말하면 바울의 시대가 지나가고, 그다음의 요한의 시대인 것이다. 요한계시록, 요한 Ⅰ, Ⅱ, Ⅲ서, 요한복음, 이것의 핵심은 무엇인가 하면 철학이다. 태초에 말씀이 있었다, 라는 것이 바로 철학이 제일 중요하다는 것을 나타내는 것이다. 이런 것을 요즘에는 철학적인 신앙이라고 한다. 그러니까 철학에서부터 시작을 해 가지고 도덕으로 가고, 도덕에서 다시 시작을 해서 종교로 가는 것이다. 이런 것을 보통 철학적인 신앙이라고 부른다. 요새 술어로 말하면 실존철학이란 것이 바로 그것이다.

키르케고르도 다 이것을 말한다. 철학으로부터 시작해야 하겠다고 생각하는 것이다. 키르케고르는 이 세상에 진정한 크리스천이 한 명이라도 있느냐, 라고 묻는다. 덴마크 인구의 99%가 기독교인이었다. 유대인 600만을 죽일 때 독일인의 95%가 기독교인이었다. 기독교인이라고 하면서 한 짓은 무엇인가 하면 유대인 600만을 죽인 것이다. 그것이 기독교인이다. 그때 키르케고르는 벌써 이 유럽에서 기독교인을 한 사람인들 찾아 볼 수 있겠는가라고 묻는다. 기독교라는 것이 다 죽었다는 말이다. 교회라는 것이 무엇인가. 신의 무덤이다. 니체 같은 사람은 신은 죽었다, 라고 했다. 그때 키르케고르는 어떻게 생각했는가 하면 다시 종교를 살려내야 한다고 생각했다. 종교를 살려내기 위해서는 도덕을 살려내야 한다. 도덕을 살려내기 위해서는 철학을 살려 내야 한다. 이렇게 해서 철학부터 들어가는 것이다.

그래서 이 철학적인 신앙이라는 것이 근대의 아주 중요한 하나의 흐름이 된다. 내 입장도 역시 바로 그것이다. 철학에서부터 들어가야지 철학이 없으면 도덕이란 것이 생기지 않고, 도덕이 없으면 종교라는 것이 생기는 않는다는 입장이다. 그래서 철학에서부터 시작해야 한다. 철학이라는 것이 무엇인가. 내 마음속에 성령을 받는 것이다. 성령이란 무엇인가. 14장에도 또 나오는데 바로 진리의 영이다. 내 마음속에 진리의 영을 받아가지고 그것을 녹여내는 그런 과정, 또는 하나님의 말씀을 받아가지고 그것을 녹여내는 것, 그래서 그것으로 내 살과 내 피로 만들어 가지고, 이것이 소위 요한복음 1장 14절에 나오는 말씀이 육신이 되어 우리 가운데 거하매 우리가 그 영광을 보니 하나님의 영광이더라는 것으로, 하나님의 말씀을 녹여서 내 살과 내 피를 만들어야 하는 것이다. 그런 노력을 우리가 보통 실존

철학이라고 한다. 그래서 키르케고르도 한없이 애를 썼다. 키르케고르의 가장 중요한 말이 무엇인가 하면 "실존은 하나님 앞에 섰다"라는 말이다. 언제나 하나님 앞에서 하나님의 말씀을 기다리는 그런 태도로 살았다.

그다음에 야스퍼스도 나오고, 마르셀도 나오고, 기독교의 실존주의라는 것이 나오게 되는데 하여튼 철학이라고 하는 것을 가장 중요한 계기로 생각하는 것, 그것이 현대 기독교 신앙의 핵심이 아닌가, 라고 생각한다. 그래서 믿음으로 구원 얻는 때도 지나갔고, 행함으로 구원 얻는 때도 지나갔고, 이제는 말씀으로 구원받는 때가 오지 않았는가, 라고 생각한다.

오늘 여기 예수님께서 누구든지 목마르면 다 나에게로 와서 물을 마시라고 했는데 이것이야말로 정말 진짜 샘물을 말하는 것이다. 나를 믿는 자는, 성서에 써져 있듯이 그의 마음속에서 생명의 강물이 흘러내릴 것이다. 그래서 우리는 우리 속에서, 이것을 철학에서는 실존개념이란 말을 쓰는데, 생명의 말씀이 터져 나와야 한다.

기 도

감사하신 하나님,
당신의 독생자 예수 그리스도를
저희들에게 보내주셔서
저희들이 샤론의 꽃으로
예수를 사랑할 수 있는
그런 심정을 가질 수 있도록
당신께서 도와주시고
주님께서 언제나 나의 주님이 되셔서
나를 돌보아 주시고
나를 도와주시고
나를 사랑해주실 것을
간절히 바라고 원하옵나이다.

오늘 이 시간에도 주님께서
저희들과 같이 하시고
저희들의 마음 문을 열어 주셔서
당신의 크신 은혜를 받아들이는
저희들이 될 수 있도록
인도하여 주시옵소서.

예수님의 이름 받들어 기도하옵나이다.
아멘.

27. 큰 사람

1993년 11월 14일

요한 7:40~52

이 말씀을 들은 무리 중에서 어떤 사람은
이 사람이 참으로 그 선지자라 하며

여기 예언자[1]라는 말이 나오는데, 우리에게는 예언자가 없다. 우리나라에서는 어떤 사람이 예언자에 해당될까. 퇴계, 율곡, 원효 같은 분들이 예언자라고 생각하면 되겠다. 나라의 앞날을 걱정근심 하는 사람들로서 3 · 1 운동 때 손병희 같은 분들도 예언자라고 볼 수 있다. 또 윤봉길의사 같은 애국자도 예언자라고 할 수 있다.

1. 고병려(1987), p. 29. 〈예언자〉로 번역.

어떤 사람은 그리스도라 하며

그리스도라는 말은 '구세주'라는 뜻이다. 그러므로 이 사람이야말로 세상을 구원할 사람이다. 우리나라의 문제를 해결해줄 사람이다, 라고 말하는 사람도 있었다는 말이다.

어떤 이들은
그리스도가 어찌 갈릴리에서 나오겠느냐.

갈릴리란 곳이 그 당시에는 이스라엘에서 아주 형편없이 미개한 지역을 말하는 것으로 생각된다. 그런 시골 촌구석에서 어떻게 훌륭한 사람이 나올 수 있겠는가, 라고 반문하는 사람들도 있었다는 말이다.

성경에 이르기를
그리스도는 다윗의 씨로
또 다윗이 살던 마을 베들레헴에서
나오리라 하지 아니하였느냐 하며,

다윗은 이스라엘을 통일하여 크게 확장시킨 왕이었다. 우리나라에는 이 다윗에 비유할 만한 사람이 없다. 삼국시대를 통일한 김유신이나 문무왕도 우리의 안방이나 다름없는 그 넓은 만주 땅을 다 내어주고 한반도 남쪽 일부만 차지한 통일이니, 통일했다고 말하기도 어렵다. 본래 고구려가 차지하고 있던 만주 땅을 포함하여 한반도 전체를 통일해야만 진정한 통일이라고 할 수 있고, 그런 위업을 달성시킬 사람이 나온다면 다윗에 비견할 만하다고 할 수 있다. 중국도 만주지역이 자기네 영토가 아니었다는 것을 잘 알고 있다. 마치 몽고가 중국에 속하지 않고 독립국가로 있듯이, 앞으로 만주도 떨어져나가 독립할 수도 있을 것이다.

하여튼 다윗은 이스라엘에서 역사적으로 가장 위대한 왕으로 추앙 받아 왔는데 사람들은 그리스도가 다윗과 같이 위대한 사람으로 다윗의 집안에서 나올 것이며 다윗의 고향마을인 베들레헴에서 나올 것이라고 믿고 있었다.

예수로 말미암아 무리 중에서 쟁론이 되니
그 중에는 그를 잡고자 하는 자들도 있으나
손을 대는 자가 없었더라.

예수에 대해 이렇다, 저렇다 하고 의견 분열이 생기게 되었으며 그들 중 몇몇 사람이 예수를 붙잡으려 했으나 뜻을 이루지 못했다.

아랫사람들이 대제사장들과 바리새인들에게로 오니
그들이 묻되 어찌하여 잡아오지 아니하였느냐.
아랫사람들이 대답하되
그 사람이 말하는 것처럼 말한 사람은
이때까지 없었나이다 하니

바리새인들이 대답하되 너희도 미혹되었느냐,
당국자들이나 바리새인 중에 그를 믿는 자가 있느냐.
율법을 알지 못하는 이 무리는 저주를 받은 자로다.

제사장이나 바리새 사람들은 유식한 사람들이기 때문에 예수에게 설득 당할 사람이 없지만, 일반 백성들이야 무식해서 잘 모르기 때문에 설득을 당해도 어찌할 수 없음을 통분해 했다.

그 중의 한 사람 곧 전에 예수께 왔던
니고데모가 그들에게 말하되,
우리 율법은 사람의 말을 듣고
그 행한 것을 알기 전에 심판하느냐.

국회의원 중 한 사람인 니고데모는, 요한복음 3장에 예수를 만나러 왔던 사람인데, 주장하기를, 먼저 예수를 국회로 불러다가 우리들도 이야기를 들어보는 것이 어떻겠는가, 라고 하였다.

그들이 대답하여 이르되
너도 갈릴리에서 왔느냐.
찾아보라, 갈릴리에서는
선지자가 나지 못하느니라 하였더라.

다른 의원들이 말하였다. 당신도 예수를 지지하는 사람이냐. 어떻게 갈릴리 같은 곳에서 위대한 사람이 나올 수 있겠는가. 그러니까 예수가 큰 사람이냐 아니냐가 문제가 되는 것이다. 큰 사람이 나와야 나라가 살고 집안도 살게 되는데, 여기서 그리스도란 말도 우리는 '큰 사람'이라고 해석해도 좋다.

이번에 성철스님이 열반하셨는데, 신문이나 텔레비전에서 큰스님이 가셨다는 말을 자꾸 하는데 나는 그 스님을 본 일도 없고 잘 알지 못하여 어느 정도 큰 사람인지 잘 모르지만 8년 동안을 눕지 않고 앉아서 지냈다고 하여, 8년 장좌불와長坐不臥를 했다라 하고, 몇 년 동안 말을 하지 않고 지내는 묵언수행을 했다는 얘기도 있다.

달마도 9년 면벽을 하고, 육조혜능은 20년을 참선했다는 말이 나오는데, 혜능의 시詩에 보면 사람이 죽으면 어차피 눕게 되니까 살아 있을 때는 앉아 있어야 한다는 말도 나온다. 그래서 불교의 선禪에서는 앉아 있는 것이 가장 중요한 수도修道 방법이다. 참선參禪이란 것이 바로 그것이다. 성철스님도 8년 동안 참선을 하고 말을 하지 않는 수행을 했다고 하는데, 말을 하지 않는 것은 선에서는 이심전심以心傳心이라고 하여 마음과 마음으로 통하면 되지 말할 필요가 있겠는가, 라는 것으로, 성철은 무슨 뜻으로 그런 수행을 했는지 모르지만 본래 선에서는 말이 필요 없다는 말이다. 또 이번에 소위 다비식 후, 사리가 몇 개 나왔나 하는 것이 큰 문제가 되었는데 108과果가 나왔다느니, 사리가 많다느니 하여 말들이 많았다. 언제부터 이 사리에 대한 말이 나오기 시작했는지 잘 모르지만 석가가 죽을 때에는 이런 말들이 없었다. 석가는 죽으면서 내가 죽게 되면 화장을 하여 남은 재를 가루로 내어 바다에 갖다 버리라 하였는데, 그렇게 함으로써 석가라는 흔적이 어디에도 남아 있지 않도록 하게 했으며, 그림도 그리지 말고, 조각이나 탑도 만들지 못하게 하였다. 그런 것을 만들게 되면 사람들의 숭배 대상이 되어 자꾸 절하게 되니까 절대 그런 것을 못 만들도록 당부했다. 그래서 석가 사후 5백 년 동안은 일체 그러한 것을 하지 못했다. 그림도 없고, 불상도 없고, 무덤도 없고, 탑도 없이 5백 년이 지나간 것이다. 그렇게 보면 사리라는 것도 석가 사후 5백 년이 지나서 나온 것이라고 볼 수 있다.

그러고 나서 얼마가 지난 후에 우리나라나 중국에 사리를 보내 왔다는 말이 나오게 되고, 우리나라에도 설악산 봉정암에 가면 사리탑이라는 것이 세워져 있다. 석가의 진신사리眞身舍利가 그곳에 들어가 있다고 한다. 설악산이란 말이 본래 '사리뫼'라는 말로서 '사리를 모신 산'이란 뜻이다. 묘향산에도 사리를 모신 곳이 있고, 강화의 전등사에도 사리를 모신 곳이 있다. 또 해남의 대흥사에도 사리를 모신 곳이 있다. 그래서 동서남북에 걸쳐 사리를 모셔 두게 되었고, 중국에도 여러 곳에 사리를 모신 절이 있다. 그런데 이 사리들을 전부 모으면 두어 말 정도의 양이 된다고 하는데, 어제 신문에 어떤 스님이 사리에 대해 썼는데 석가가 죽었을 때 나온 사리의 양이 여덟 섬하고 네 말이 더 나왔다고 했다. 유럽에 가면 예수님이 지신 십자가의 토막을 모신 곳이 많은데 그것을 다 모아놓으면 집채만큼이나 크다고 한다. 사람들은 왜 이런 일들 하기를 좋아하는지 모르겠다. 하여튼 사리라고 하는 것을 텔레비전에서 방영하는 것을 보니까 수정처럼 투명하고 아름답게 보였다. 인도 사람들은 다 화장을 하는데 간디가 죽었을 때나 네루가 죽었을 때 사리가 나왔다는 말을 들어 본 적이 없다. 그 사람들은 화장 후 남은 재는 가루로 내어 강에 버리는 것이 그곳의 풍습일 뿐이다.

우리나라나 중국에는 언제부터인가 이 사리에 대한 풍습이 나타나게 되었는데, 내가 언젠가 해인사에 갔을 때 사리를 보았는데 팥알만한 것이었다. 이번에 나온 사리를 보니까 크기도 크고 아름다운 것이 많았다. 그런데 왜 이런 사리숭배 사상이 나오게 되는 것인가 하는 것을 우리는 알아야 한다. 결국은 그리스도라는 사상과 같은 것이라고 생각할 수 있다.

그러니까 그리스도란 우주에 있어서 태양이란 사상이다. 플라톤이 말한 '선善의 이데아'이다. 태양의 덕으로 모든 만물이 살아가는 것이다. 태양이 없이는 모든 만물이 살 수가 없다. 크리스마스라는 것도 태양의 기념일을 말한다. 본래 동지 다음날이 크리스마스이다. 그리스도라는 것이 태양의 현신이다. 그러니까 이 세상은 태양 없이는 못 사는 것이다.

그런데 이 태양이 변해서 무엇이 되는가 하면, 우리가 잘 아는 광합성을 통해 잎사귀가 되고 나무가 되어 이것이 땅속에 들어가 몇 억 년이 지나면 석탄石炭이 되고, 이 석탄이 다시 몇 억 년이 지나면 금강석金剛石이 된다. 금강석이 되면 한없이 투명하고, 한없이 강해지고 스스로 빛을 발하게 된다. 그것이 소위 자광自光이라는 것이다.

자광自光이라는 것은 무엇인가 하면 큰 태양이 여러 과정을 거쳐 조그마한 태양으로 바뀐 것이다. 그래서 큰 태양과 조그마한 태양하고의 일치一致를 인도 사람들은 범아일여梵我一如라는 말을 한다. 범梵이란 큰 태양이고 금강석은 조그마한 태양이고 그래서 이 둘의 일치, 그것이 범아일여梵我一如이다. 이런 사상이 불교에 내려와서는 금강경金剛經이라는 경전이 된다. 금강경이란 것을 자꾸자꾸 따져보면 결국은 범아일여의 사상이 된다.

그러니까 사람이 쌀을 먹으면 피도 되고 살도 되었다가 그것이 나중에는 정精이 되고, 이 정精이 다시 단丹이 되었다가 나중에는 사리로 된다. 이것이 이 사람들의 생각인 것이다. 쌀이 살이 되고 정精이 되었다가 단丹을 거쳐 사리가 되는 것이다. 쌀이 무엇인가 하면 태양이다. 그러니까 태양이 여러 과정을 통해 다시 사리라는 조그마한 태양이 되는 것이다.

이러한 사상을 우리는 범아일여梵我一如라고 한다. 그래서 태양이 한 바퀴 돌아 다시 태양이 되는 것을 우리는 영생永生이라고 한다. 불교에서는 영혼불멸을 말하는데 몸은 싹 불살라

버리고 영혼을 하루바삐 벗어나게 해주는 것, 그것을 해탈이라고 한다. 소크라테스의 사상이나 불교의 해탈사상이나 같은 것을 말한다. 영혼불멸사상을 갖고 열반을 통해 하늘나라로 가는 것이다. 이것이 소위 열반경이라는 경전에서 나오는 이야기이다. 열반경에 보면 빨리 화장을 해서 이 몸을 벗어나면 얼마나 좋겠는가, 라는 말이 나오는데, 성철스님의 다비식에서 읽고 있는 경이 바로 이 열반경이다. 우리 기독교에서는 영혼불멸사상이 아니고 부활사상인데, 어쨌든 이 사람들은 죽지 않는다는 생각을 갖고 있는 것만은 확실하다.

그러니까 계속해서 돌아간다는 사상이지 시작이 있고 끝이 있는 그런 사상은 아니다. 그래서 니체 같은 사람은 영원회귀라는 말을 썼다. 계속해서 돌아가는 것이지 죽음이라는 것은 없다는 말이다. 그러므로 이 사람들은 밤낮 불생불멸不生不滅을 말한다. 태어남도 없고 죽음도 없다는 말이다. 영원히 사는 것이지 죽음이라는 것은 없다는 말이다. 어떤 종교든지 이러한 사상이 없는 곳은 없다. 그런데 금강석이 된다는 말이 사람의 몸을 통할 때는 사리가 된다, 라고 말하는 것이다. 그러니까 쌀이 다시 돌아서 쌀이 되는 것이다. 그래서 사리가 꼭 쌀 같이 보이는 것이다. 생긴 것이 마치 쌀처럼 생겼다. 결국 밖의 쌀이냐, 안의 쌀이냐의 차이이지 쌀은 쌀인 것이다. 또 태양이, 태양이 되었다, 라고 해도 좋다. 그것이 범아일여이다.

우리로 말하면 부자유친父子有親이다. 우리는 모두 자子이고 태양은 무엇인가 하면 아버지가 되는 것이다. 아까 말한 큰 사람이란 무엇인가 하면 태양이란 말이다. 그러니까 다 태양숭배이다. 왜냐하면 태양을 숭배하지 않을 수가 없기 때문이다. 그러므로 태양이란 것을 보고서 태양을 만드신 하나님이 계시다, 라는 것을 생각하는 것이다. 그래서 우리는 창조주를 신앙하게 되는 것이다. 하나님이 계시다. 하나님이 일체를 살리신다. 하나님이 일체를 창조하시고 하나님이 일체를 살리신다.

그런 하나님에게서, 이 세상을 다스릴 하나님이 또 나와야 하는데, 그분을 우리는 그리스도라고 한다. 요새 지구의 오존층도 뚫렸다고 하고, 온 세계가 오염되어 문제가 심각해지고 있는데 빨리 UN의 정치력이 강해지고, 이 세계의 문제를 구원할 만한 그런 큰 사람이 나오기를 절실히 기다려지는 때이다.

지금 세계를 이끌고 있는 나라가 미국이라고 할 수 있는데 미국의 대통령이 이렇게 세계 문제를 통째로 해결할 수 있는 역량이 있는지 의심스럽다. 그래서 우리는 자꾸 큰 사람 나오기를 기대하는 것이다. 그것이 바로 그리스도가 나오기를 기다리는 사상인 것이다. 그리스도라는 것이 유대 사람들로 말하면 메시아라는 것이다. 메시아가 나와야 하지 않는가, 라는 것이 어쩔 수 없는 우리의 소망이다. 우리나라에도 이다음에는 정말 큰 사람이 나와서 남북을 통일할 수 있어야 하지 않겠는가라고 우리는 기대하는 것이다. 다 사람이 나와야 무엇인가 되는 것이지 사람 없이는 될 수 없다는 생각을 자꾸 하게 된다.

정말 백성들의 아픔을 자기의 아픔처럼 생각하는 사람, 그런 사람이 큰 사람이고, 그리스도이다. 집안에도 어른이 한 분 있어야 하듯이 나라에도 정말 큰 어른이 있어야 한다. 그래야 집안에 질서가 잡히고, 나라도 잘 되어 갈 수 있다.

중세 천 년 동안은 그리스도가 이끈 시대라고 해도 좋다. 그리스도가 나온 지 몇 백 년도 되지 않아 로마의 콘스탄틴 황제가 그리스도 앞에 무릎을 꿇고 십자가를 받아 들이게 되었고 온 유럽이 전부 기독교화가 되었는데 그런 것을 보면 예수라고 하는 인물이 역시 큰 사람이었다는 것을 확실하게 알 수 있다.

그러니까 그 동안의 역사를 돌이켜 보면 예수를 따라 잡을 인물이 없다. 여기서 지금 그리스도가 누구냐 하는 문제가 나오는데 역사를 지내놓고 보면 예수가 그리스도였다는 것이 확실한 것이다. 그런데 유대 사람들은 그 당시에도 그렇고 지금까지도 예수가 그리스도가 아니다 라고 생각하고 있다.

왜냐하면 유대 나라를 독립시키는 것이 그리스도이지 세계 문제를 해결하는 것은 그리스도가 아니라고 그 사람들은 생각하는 것이다. 그래서 UN 총회를 시작할 때에도 다시 이사야 11장을 읽고서, 그리스도를 이 우주의 주인으로 모시고 이 세계가 하나가 되어 보자고 시작을 하게 되었던 것이다. 그런 뒤 벌써 몇 십 년이 지났지만 아직도 UN은 제 구실을 못하고 있다. UN이 좀 제대로 구실을 하게 되어 세계가 정치적으로 단결이 되어 오존층의 문제도 해결하고, 오염문제도 해결하고, 세계적으로 문제되는 것들을 하나하나 해결해 나가야 할 것이다.

그러기 위해서는 큰 사람이 나와야 한다. 세계의 문제를 바로 잡는 사람이 그리스도인 것이다. 그러니까 그리스도는 태양 같은 사람이다. 우리 예수님께서는 태양 같은 존재이다. 그래서 의義의 태양이란 말을 하는 것이다. 이러한 그리스도가 우리에게 필요하다. 그리스도 없이는 우리는 살 수가 없다. 옛말에 군사부일체君師父一體라 했는데 그것이 바로 그리스도를 말한다. 군君은 왕王이고, 사師는 예언자이고, 부父는 제사장이다. 그러니까 왕과 예언자와 제사장은 큰 사람이라는 말이다. 큰 사람이 곧 메시아란 말이며 그리스도란 말이다.

그리스도란 '기름 부음을 받은 자'란 뜻인데 옛날에는 큰 사람에게 기름을 부어 주는 의식이 있었다. 우리로 말하면 군사부君師父와 같은 뜻이 된다. 군사부일체란 나라에는 정말 큰 사람이 임금이 되어야 하고, 세계에는 큰 스승이 선생이 되어야 하고, 집에는 아버지가 큰 어른 구실을 하여야 한다는 말이다. 그래서 아버지가 있어야 제가齊家가 되고, 임금이 있어야 치국治國이 되고, 그리고 선생님이 있어야 평천하平天下가 되는 것이다. 이것이 소위 수신修身, 제가齊家, 치국治國, 평천하平天下

이다. 그러므로 어느 곳이나 큰 어른이 없으면 안 된다.

큰 어른은 태양이고, 태양이란 말 대신 시간이란 말을 쓰고, 우리는 공간이라고 하면, 공간이 시간을 만나야 살 수 있게 된다는 말이다. 그래서 예수님께서는 때가 이르렀다고 하셨는데 시간이 문제인 것이다. 그러니까 시간을 붙잡는다는 말을 하는 것이다. 시간을 붙잡는다는 말은 큰 어른을 붙잡는다는 말이다. 큰 어른을 붙잡으면 살고, 큰 어른을 못 붙잡으면 죽는다. 병든 사람이 의사를 붙잡으면 살고, 의사를 못 붙잡으면 죽는 것과 마찬가지이다. 언제나 우리에게는 큰 어른이 필요하다. 그것을 요새 철학에서는 "궁극적인 실재"라는 말을 쓴다. 나에게도 그런 궁극적인 실재가 하나 있어야 한다. 그 궁극적인 실재를 잡으면 내가 살아나는 것이고, 그 궁극적인 실재를 못 잡으면 내가 죽는 것이다. 그러니까 지금 그리스도 그러면 요새 신학으로 말하면 궁극적인 실재인 것이다. 나로 하여금 살게 해주는 존재라는 말이다. 그런 존재가 우리에게 있어야지 그런 존재가 없으면 살 수 없다.

그래서 우리가 크게 보면 그리스도이고, 또 작게 보면 — 병이 나면 의사가, 배고플 때는 어머니가 필요한 것처럼 — 그때 그때 내 문제를 해결해주는 사람, 그런 사람을 만나기 전에는 살 수가 없는 것이다. 더구나 정신세계에서 나에게 궁극적인 실재가 되어 주는 사람, 그런 사람이 반드시 있어야 한다.

성철 그러면 "큰 스님, 큰 스님"이라고 부르는데 성철의 제자로 생각할 때는 그 성철이란 사람이 정신적인 지주가 되어 주는 것이다. 그러니까 "큰 스님, 큰 스님"이라고 부르는 것이다. 우리가 김활란 박사라 하면, 김활란 박사는 이화의 지주가 되어 준 사람이다. 그러니까 김활란 박사를 "큰 사람, 큰 사람"이라고 부르는 것이다.

그래서 누구에게든지 그런 자기를 살려주는 하나의 실재가 있어야 한다. 그 실재가 없으면 살지 못하는 것이다. 그것이 인생 아니겠는가. 그래서 우리가 크게든지, 작게든지 다 이 그리스도를 만나야지 그리스도를 못 만나면 살 수 없게 된다. 그리스도를 만나면 산다는 것을 믿음으로 구원 얻는다, 라고 한다. 나에게는 유영모 선생이 그리스도이다. 그 사람 때문에 나는 살아났다. 그래서 자기를 살려 주는 사람, 그 사람이 그리스도이며 바로 공간에 부닥친 시간이 되는 것이다.

제 8 장

진리란 무엇인가

기 도

감사하신 하나님,
금년도 또 가을이 깊어져 가고 있습니다.
하나님께서 오곡백과를 저희들에게 주시고
이제 추수감사절을 맞이해서
저희들이 하나님께
감사드리는 날이 되었습니다.

아버지께서 저희들로 하여금
이 날에 대해서 깊이 생각할 수 있도록
인도하여 주시옵고
어떻게 해서 쌀알 한 알이
천 배도 되고 만 배도 되는지를
언제나 생각하면서 살 수 있도록 도와주시옵고
저희들이 하나님 앞에서는
또 하나의 쌀알인 것을 깊이 느끼면서 사는
저희들이 될 수 있도록 도와주시옵소서.

이 시간에도 하나님께서 저희들과 같이 하시고
하나님의 말씀을 조금이라도 깊이 이해할 수 있는
저희들이 될 수 있도록 인도하여 주시옵소서.
이 모든 말씀,
예수님의 공로 받들어 기도하옵나이다.
아멘.

28. 추수감사

1993년 11월 21일

요한 7:53~8:11

다 각각 집으로 돌아가고 예수는 감람산으로 가시니라.
아침에 다시 성전으로 들어오시니
백성이 다 나아오는지라 앉으사 그들을 가르치시더니
서기관들과 바리새인들이 음행 중에 잡힌 여자를 끌고 와서
가운데 세우고, 예수께 말하되,
선생이여, 이 여자가 간음하다가 현장에서 잡혔나이다.
모세는 율법에 이러한 여자를 돌로 치라 명하였거니와,
선생은 어떻게 말하겠나이까.
그들이 이렇게 말함은 고발할 조건을 얻고자 하여
예수를 시험함이러라.
예수께서 몸을 굽히사 손가락으로 땅에 쓰시니
그들이 묻기를 마지 아니 하는지라.
이에 일어나 이르시되,
너희 중에 죄 없는 자가 먼저 돌로 치라 하시고

다시 몸을 굽혀 손가락으로 땅에 쓰시니,
그들이 이 말씀을 듣고 양심에 가책을 느껴
어른으로 시작하여 젊은이까지 하나씩 하나씩 나가고
오직 예수와 그 가운데 섰는 여자만 남았더라.
예수께서 일어나사 여자 외에 아무도 없는 것을 보시고
이르시되, 여자여, 너를 고발하던 그들이 어디 있느냐.
너를 정죄한 자가 없느냐.
대답하되, 주여, 없나이다.
예수께서 이르시되,
나도 너를 정죄하지 아니하노니
가서 다시는 죄를 범하지 말라 하시니라.

이 이야기는 요한복음에만 있는 유명한 일화 중의 하나이다. 간음한 여인을 붙들어 놓고서 문제를 삼는 내용인데, 예수를 어려운 곤경에 몰아넣기 위한 것으로, 예스(Yes)라고도 할 수 없고, 노(No)라고도 할 수 없는, 이런 것을 소위 양도논법兩刀論法이라고 하는데, 예스라고 해도 걸려들고, 노라고 해도 걸려들게 되어 있다. 성경에는 이것 말고도, 또 다른 구절에는 로마 황제에게 세금을 내야 되느냐, 안 내야 하느냐 라는 문제로 예수에게 따져 묻는 내용이 있다. 세금을 내라고 하면 유대 사람들이 반역자로 몰 것이고, 내지 말라고 하면 로마법에 걸려들어 잡아가게 될 것이고, 그러니까 이럴 수도 저럴 수도 없는 질문들을 예수에게 하는 것이다. 그런데 이런 질문을 받을 때마다 예수는 묘하게도 핵심을 피해 빠져나간다. 그것을 우리는 가운데 '중中'이라는 말을 쓴다. 중도中道라는 것이 그것이다. 그러니까 양단에 걸리지 않고 묘하게 가운데로 빠져나가는 것이다. 언제나 예수께서는 중도를 걸어 간 것이다. 아까 우리가 물망물조勿忘勿助라는 말을 배웠는데 여기서도 이와 비슷한 말이 나온다. 나도 당신을 정죄하지 않는다. 그리고 이제부터 다시는 죄를 짓지 마라, 가 그것이다. 이 말이 곧 물망물조勿忘勿助와 같은 말이라고 생각하면 된다.

이러한 표현 방법은 여러 곳에서 찾아 볼 수 있는데 특히 불교 같은 데에서 많이 볼 수 있다. 불생불멸不生不滅이 그것이고, 불구부정不垢不淨, 부증불감不增不減같은 말도 마찬가지다. 이것도 아니고 저것도 아닌, 불이법문不二法門이라고 하는데, 이 세상이라는 것이 다 그것이라고도 할 수 있겠다. 이 세상이라는 것은 언제나 무엇도 아니고, 무엇도 아니다가 되고, 또 그렇게 되어야 중도이다. 무엇이고 무엇이다, 그러면 아주 쉽다. 그러나 이 세상은 그렇게 되어 있지 않고 '불不' 자가 자꾸 붙어 다니게 된다. 불교에서는 '팔불八不'이라고 해서 '불不' 자가 들어가 있는 것이 여덟 가지가 있다고 하는데, 이것도 아니고, 저것도 아니고, 이것도 아니고, 저것도 아니고, 그것이 인생이다. 인생이란 것이 그렇게 되어 있다. 그래서 인생은 이리 가도 안 되고, 저리 가도 안 되고, 언제나 그 가운데를 가야 살게 되어 있다. 왜 그렇게 되었는지 모른다. 그래서 오늘 나온 성경구절을

'물망물조勿忘勿助'로 해석해서 이렇게 해도 안 되고, 저렇게 해도 안 된다, 그 가운데로 가야 한다, 로 이해하면 된다. 이것이 아주 중요한 것으로 유교에서는 중용中庸이라고 한다. 중용이란 말도 같은 말로서 그 가운데를 붙잡아야 된다, 란 말이다.

그래서 중용이란 말은 과過, 불급不及, 즉 지나쳐도 안 되고, 모자라서도 안 된다는 말이다. 있어도 안 되고, 없어도 안 되고, 요는 그 가운데를 가야 하는 것이다. 여기 성경구절을 보면 나는 당신을 정죄하지 않는다, 그러면서도, 이제부터 다시는 죄를 짓지 말라, 라고 한다. 한편으로는 인정하면서도, 한편으로는 인정하지 않는 것이다. 그러니까 이렇게 인정하면서도 인정하지 않는 것, 그런 것이 인생이다.

그 가운데서도 제일 큰 문제가 무엇인가 하면 오늘 여기서도 나오는 남녀문제, 혹은 요새말로 하면 성性문제이다. 이 성문제처럼 인간역사에서 가장 인간을 괴롭히는 것도 없다. 인간에게 있어서 가장 어려운 문제가 이 성문제이다. 남녀문제, 성문제, 이것은 벌써 에덴동산에서부터 문제가 되어 왔다.

에덴동산에서부터 문제가 되어 가지고 소돔 고모라, 노아의 방주, 바빌론, 아시리아, 희랍, 로마로 이어져 지금까지 제일 큰 문제가 되는 것이 바로 이 성문제이다. 아편이니 히로뽕, 헤로인 같은 마약문제도 결국 성문제에 속한다. 성문제가 없으면 그런 것들이 나오지 않는다. 그러니까 우리가 겪는 문제의 10

분의 9정도는 성문제라고 할 수 있다. 모든 사람이 겪는 가장 큰 문제가 성문제이다. 그런데 왜 그렇게 큰 문제인가 하면 그것을 떠날 수가 없기 때문이다. 그러나 거기에 빠지면 안 된다. 문제는 그렇게 되어 있다. 유교의 주자학에서는 이것을 부즉불리不卽不離라고 한다. 부즉不卽은 빠지면 안 된다는 말이고, 불리不離는 떠나서도 안 된다는 말이다. 퇴계退溪와 고봉高峰사이에 계속 문제 삼는 것이 이것이고, 율곡栗谷과 우계 사이에 계속 편지가 오간 것도 이 문제 때문이다. 율곡은 이것을 둘이 하나냐, 하나가 둘이냐(이이일二而一, 일이이一而二)라는 말로 설명했는데 부즉불리不卽不離나 같은 말이다. 그러니까 이 사람들의 토론 내용의 핵심이 바로 이 성문제로서 이것을 성리학性理學이라고 부른다. 이 성性에 대한 문제를 한번 바로 잡아 보자는 것이 이조 5백 년의 근본문제였던 것이다.

기독교도 역시 마찬가지다. 기독교도 이 성문제를 한번 해결해 보자는 것이 아니겠는가. 바울 그러면, 바울이 가장 문제 삼은 것이 무엇인가 하면 바로 이 성문제이다. 왜 그렇게 성문제가 어려운가. 우리가 제일 잘 아는 고린도서를 살펴보면, 고린도라는 곳은 그 당시에 신창神娼이 있었다. 신창이란 것이 무엇인가 하면 신전에 속해 있는 창녀를 가리키는데 그 숫자가 3천 명이나 되었다고 한다. 그리고 성경책에 제일 많이 나오는 말이 성에 관한 말이다. 그 이상 더 많이 나오는 말도 없을 것이다. 그러니까 이 성 때문에 모든 일이 일어나는 것이다. 그 강하던 로마가 망한 것도 이 성 때문이다. 로마가 망한 것은 군대가 약해서도 아니었다. 그런데 그 군대가 나가서 싸울 수 없게 되었다. 왜냐하면 군인들이 다 성병에 걸려서 싸울 능력들이 없게 된 것이다. 그러니까 할 수 없이 북쪽에서 온 게르만이니 프랑크이니 하는 야만족들을 쓸 수밖에 길이 없게 되었다. 그 사람들을 용병으로 데려다가 쓰게 되니까 결국은 그 사람들이 무력으로 뒤집어엎고 말게 된 것이다. 그것이 로마가 멸망한 이유이다.

우리 동양에서는 불교 때문에 망한 민족이 있는데 바로 몽고이다. 이 몽고족은 성문제 때문에 거의 사라지다시피 해버렸다. 왜 그런가 하면 이 몽고족은 라마교라는 것을 믿었는데 여기의 라마승들이 전부 성병환자였다. 그 당시 몽고에서는 어떤 여자든지 첫날밤은 라마승과 같이 자는 관습이 있었다. 그것이 그곳에서는 하나의 법이었다. 그러니까 이 종교가 결국은 성병을 만연시킨 역할을 하게 된 것이다. 그래서 몽고가 지금은 조금 명맥은 유지하고 있지만 거의 멸망하고 말게 된 것이다.

고린도에서도 마찬가지로 이 신창神娼이라는 것이 성병을 전염시키는 근원이 되었다. 그러니까 고린도 당시 그곳을 지배하던 로마의 종교가 성병을 전염시키는 역할을 하게 되었다. 이렇게 보면 정말 무서운 이야기이다.

요즘에는 옛날의 임질이나 매독보다 더 강한 성병으로 에이즈라는 것이 나와서 지금 세계적으로 큰 문제가 되고 있다. 에이즈라는 것이 정복된다 해도 앞으로 또 어떤 성병이 새로 나올지 아무도 모른다. 사람이 아무리 꾀를 뿌려서 성을 마음껏 누려보자고 애를 쓴다 해도 하나님께서는 더 지독한 병을 만들어 놓을 것이다. 그러니까 앞으로도 더 낫기 어려운 성병이 계속 나온다고 보아야 할 것이다. 그렇게라도 해야 사람들이 조금이라도 살아남지 그렇지 않으면 다 죽어 없어져 버릴 것이다. 성의 유혹처럼 강한 것은 없다.

그래서 석가는 말하기를 만일 지금 인간이 가지고 있는 성욕의 배만 강했더라면 인류는 없어졌을 것이다, 라고 했다. 그나마 인류가 이만큼이라도 유지할 수 있는 것은 그 가운데에서 조금이라도 정신 차린 사람이 나올 수 있었기 때문이란 말이다. 그만큼 성문제라는 것이 어려운 것이다. 왜 그렇게 어려운가 하면 이 성이라는 것은 없앨 수 없기 때문이다. 왜 없앨 수 없는가 하면 이것이 종족을 유지하는 길이기 때문이다. 이 성이 없으면 사람이 있을 수 없게 되는 것이다. 그러니까 없앨 수 없는 것이다. 그런데 있으면 또 로마처럼 되고 만다.

요전에 이태리의 베수비우스라는 화산이 덮어버린 도시가 발굴되었는데 그곳을 본 학자들이 무척 놀랐다고 한다. 무엇에 놀랐는가 하면 그 당시의 성적인 타락이 너무나 심하여 그곳을 발굴한 사람들이 차라리 덮어두었던 것이 나았을 것이란 말을 했다고 한다.

그 당시에 산 사람이 바울이었다. 그러니까 바울의 일생동안의 투쟁이 바로 이 성문제였다. 기독교란 것이 무엇인가. 이 성문제하고 투쟁하는 것이다. 기독교에서 밤낮 죄악, 죄악이라고 하는 것이 무엇인가. 바로 이 성문제 아니겠는가. 그러니까 이것은 있어도 안 되고, 없어도 안 되는 것이다. 이것은 정말 죽이지도 못하고, 살리지도 못하는 것이다. 불생불멸不生不滅이다. 그래서 이것이 그렇게 어려운 것이다. 그러므로 이것을 해결하는 길이 중도中道라는 것이다. 십자가의 도道라는 것도 중도이다. 해결하는 길이 그것밖에 없다. 이쪽으로도 안 되고, 저쪽으로도 안 되고, 가운데로 가야만 한다. 다른 길은 없다. 성이라고 하는 것은 우리가 하나님께로부터 받았다고 하는 성性뿐이지 다른 것이 아니다.

중용에 보면 천명지위성天命之謂性이라고 했다. 하늘에서 받은 것이 성이다. 그런데 이것을 어떻게 제대로 관리해야 하는가. 그것이 문제다. 더구나 사춘기가 되면 더 문제가 심각하다. 사춘기란 것이 무엇인가 하면 육체의 발달과 정신의 발전이 서로 어긋나는 때가 사춘기다. 제대로 사춘기가 되려면 정신부터 발전시켜 놓고 그리고 또 육체를 발달시키면 문제가 없는데 정신은 발전이 안 되었는데 육체가 먼저 발달되니까 문제가 되는 것이다.

정신적인 연령은 아직 5살 밖에 안 되는데 육체적인 연령은 벌써 20살이 되었다라고 하면 그 육체적인 문제를 어떻게 한단 말인가. 그러니까 사춘기 아이로서는 도저히 해결이 안 되는 것이다. 그러면 어디서 이것을 도와주어야 하는가. 가정에서 도와주어야 한다. 또 학교에서 도와주어야 한다. 그런데 요새 이것을 가정에서 도와줄 수 있느냐는 것이 문제이며, 또 학교에서 이것을 도와줄 수 있느냐 하는 것이 문제이다.

학교에서 공연히 성교육 한다고 해서 다 공개해서 가르쳐 주면 오히려 학생들이 몰랐던 것을 가르쳐 주는 꼴이 되고 만다. 사회에서 도와주어야 한다고 하는데 사회에서 어떻게 도와줄 수 있겠는가. 교회에서 도와주어야 한다고들 하지만 교회에서도 이런 말을 할 수 있겠는가. 그곳에서는 거룩한 설교들만 하지 성에 대해서는 모두 터부시하고 있다. 그러면 어떻게 해야 하느냐는 것이다. 세상에 이렇게 어려운 문제는 없다.

그래서 할 수 없이 나중에는 원죄설이라는 말까지 나오게 되는 것이다. 오죽하면 원죄라고 하겠는가. 원죄라는 말은 그 성문제를 제대로 해결하는 사람이 없다는 말이다. 그러니까 다 죄인이란 말이 나오게 된다. 그렇게 다 죄인이지만 이제부터라도 다시 정신을 차려야 할 때가 왔다고 생각한다. 그러니까 조금 일찍 정신을 차리는 사람도 있고, 일생 그러다가 죽는 사람도 있게 된다.

그런데 제대로 이 문제를 해결하는 것을 말해주는 데가 없다. 다들 번지르르한 말들만 하지 핵심을 파고 들어가서 얘기를 해주는 사람이 없다. 그러니까 이 성이라고 하는 것, 그것에 인생의 모든 원동력이 있다. 그냥 종족보존을 위한 것뿐만 아니라 모든 문화도 그것에서 나오는 것이다. 우리가 예술이라고 할 때 사랑을 빼고 무슨 예술이 있을 수 있겠는가. 문학이라고 할 때 사랑을 빼고 무슨 문학이 있을 수 있겠는가. 성의 문제라는 것이 요새말로 하자면 사랑의 문제이다. 사랑이란 말을 빼면 되는 것이 별로 없다.

철학도 사랑이란 말을 빼면 철학이 있을 수 없다. 그러니까 예술, 종교, 철학, 과학 등 인간의 모든 창조력이 바로 이 성에서 나온다. 그러니까 이 성이라는 것이 굉장히 중요하다. 그래서 아무도 이 성을 거부 못하는 것이다. 예수도 이것을 거부 못한다. 그러니까 "나도 너를 정죄하지 않는다"라고 말하는 것이다. 그만큼 이 성문제라는 것이 우리 인생에서 가장 근원적인 문제다. 이 성문제라는 것을 제대로 관리하지 못하면 인류가 멸망하고 만다.

그러니까 없이 해도 멸망, 있게 해도 멸망, 그렇게 되어 있다. 그러므로 이것을 잘 다루어야 한다. 이것을 관리하는 방법을 스스로가 잘 터득해야 하는데 그 방법은 각자의 비밀에 속하는 일이다. 그것은 공개하거나 남에게 가르쳐 줄 사항이 아니며 각자가 그 방법을 강구하는 수밖에 없다. 이 근원적인 문제를 각자가 해결해 나가야 한다. 우리가 구원 받았다라고 하는데 구원받았다는 말이 바로 이 문제를 해결했다는 말이다. 이 문제를 해결 못하면 구원받을 수가 없다. 단적으로 말하면 그렇다.

이 성이라고 하는 것은, 우리가 제일 가까운 예를 들면, 아까 왕양명의 글 속에도 나왔지만, 불(화火)라는 것이다. 이 우주라는 것은 무엇인가 하면 불덩어리이다. 이 불이라고 하는 것처럼 중요한 것이 없다. 불 없이 우리가 어떻게 살 수 있겠는가. 그런데 또 이 불처럼 위험한 것은 없다. 이 불이라는 것이 아궁이 속에 들어가 있을 때는 안전하지만 이것이 밖으로 튀어나오게 되면 모든 것을 다 태워 없애 버리고 만다. 얼마 전에도 미국의 캘리포니아에서 불이 나서 요세미티, 옐로스톤 등 많은 곳이 불타버렸는데, 그곳에 있던 그 울창하던 산림이 다 타서 사라져 버렸다.

한 번 불관리가 잘못되면 다 타고 마는 것이다. 그래서 불교의 법화경에서 보면 이 세계는 무엇인가 하면 화택火宅이라고 비유하고 있다. 불붙는 집이란 말이다. 삼라만상 모든 것이 불붙는 집과 같다는 말이다. 그런데 이 불을 끄면 안 된다. 불을 끄면 얼어 죽게 된다. 그런데 이것이 지나치면 타 죽게 되는 것이다. 번뇌라는 것이 무엇인가 하면 불타는 것을 말하는데 결국은 번뇌로 인해 타 죽는 것이다. 그러니까 이것을 잘 관리할 줄 알아야 한다. 언제나 아궁이 속에 집어넣어 두었다가 꼭 밥할 때만 스위치를 돌려야지 아무 때나 스위치를 틀면 가스가 터져 다 죽게 되고 만다.

그래서 아가서 4장 12절에 보면 이 가스 벨브는 잘 잠궈 두라는 말이 나오는데, "잠근 동산이요, 덮은 우물이요, 봉한 샘이로구나"라고 되어 있다. 이렇게 3단계나 벨브 꼭지를 만들어 놓아 철저하게 관리해야지 그렇지 않으면 꽝하고 터져 버리고 만다는 말이다. 사람마다 누구나 꼭지를 갖고 있는데 이것을 3번이나 잘 잠궈 두어야지 그렇지 않으면 터져서 죽고 만다. 불붙는 집(화택火宅)이 되고 마는 것이다. 그래서 불교에서는 불이 꺼졌다는 말을 한다. 불붙는 집이 아니라 불이 꺼진 집이라는 말이다. 제대로 관리가 잘 된 집이라는 말이다. 그것을 열반涅槃이라고 한다.

열반에 들었다는 말이 무슨 소리인가 하면 성을 제대로 관리할 줄 안다는 말이다. 열반이란 말이 불이 꺼졌다는 말이다. 불이 꺼졌다는 말은 불이 완전히 없어졌다는 말이 아니라 불이 잘 관리되고 있다는 말이다. 불을 잘 관리하자는 말은 내가 더 이상 길게 말하지 않아도 여러분들께서 각자가 스스로 깨달아서 실행해 나가기를 바란다.

한마디 더 덧붙여 말하자면, 이것은 정명도가 한 이야기인데, 사람의 성문제에 있어서 제일 중요한 것이 무엇인가 하면 정精이란 것으로, 이 정精은 쌀 미米변에 푸를 청靑인데, 청靑은 날 생生 밑에 붉을 단丹 자로 된 글자로 '불이 나온다'는 뜻이다. 그런데 정명도의 말에 정精이란 것이 쌀하고 같다, 라고 하였다. 우리가 쌀 한 톨을 심어서 100이나 1000개의 쌀이 열렸다고 하면 이것들 중에 다시 종자로 돌아가는 것은 하나면 족하다. 한 알을 심어 수확해서 다시 한 알만 도로 심으면 된다. 그러면 남은 99개나 999개의 쌀은 어떻게 해야 하는가 그것이 문제이다. 그냥 하수구나 쓰레기로 버려져야 하는가. 아니다. 잘 정리를 해서 사람의 식량으로 써야 한다. 그러니까 쌀이라는 식물이 또 다시 쌀이라는 식물이 되기 위해서는 쌀 한 톨만 심어주면 되는 것이다. 그 나머지 999개는 우리 고귀한 인간에게 갖다 바쳐야 하는 것이다. 이 정精이라고 하는 것도 다시 정精으로 되기 위해서는 한 알이면 족하다. 나머지 정精은 다 무엇에 써야 하는가. 신神을 위해서 써야 하는 것이다. 그래야 정신精神이 되는 것이다. 정신精神을 위해서 정精을 써야 하는 것이다. 그렇지 않고 정精을 그냥 하수구에 쏟아 버리면 안 되는 것이다. 아까운 쌀들을 그냥 내어다 버리는 꼴이 되고 마는 것이다. 이것이 정명도가 말한 것으로 성리학性理學의 요점이다. 사실 종족보존을 위한 것으로는 하나의 정精으로 충분하다. 나머지는 다 무엇을 위해 써야 하나 하면, 문화와 정신과 하늘

나라를 위해서 써야 하는 것이다.

나는 성리학 가운데에서 이 정명도의 이야기가 제일 좋다고 생각한다. 정말 그렇다고 느껴진다. 농사꾼들이 쌀농사를 지을 때 추수한 쌀 중 다시 볍씨로 쓸 것을 조금 남기고는 나머지는 모두 사람에게 갖다 바친다. 그것은 모든 농민들이 다 아는 일이다.

사람도 자기의 쌀농사를 잘 지을 줄 알아야 한다. 내 쌀, 내 정精도 종족보존을 위해서는 한 알이면 된다. 그리고 나머지는 전부 다 문화나 정신이나 하나님을 위해서 바쳐야 하는 것이다. 이렇게 돼야 추수감사가 되는 것이다. 농부는 추수감사 할 줄 아는데 다른 사람들은 추수감사 할 줄을 모른다. 감사는커녕 추수도 못하고 만다. 다 그냥 하수구에 쏟아 버리고 만다. 우리는 이것을 정말 깊이 깨달아서 진정한 추수감사를 할 줄 아는 사람이 되어야 할 것이다.

기 도

이제 겨울이
문턱에 다가와서
온 세상이 찬바람과 얼음으로 덮이는 이때에
저희들의 건강을 지켜주시고
우리가 겨울을 무사히 날 수 있는 힘을
허락해주시옵소서.

그러나 언제나 당신의 빛이
우리에게 영원히 비추는 빛임을
저희들이 깨닫고 당신의 빛 속에서
생명의 빛을 바라 볼 수 있는
저희들이 될 수 있도록
도와주시옵소서.

그래서 우리가 참사람이 무엇인지
참 인간이 무엇인지를 깨닫고 사는
저희들이 될 수 있도록
당신께서 도와주시고
오늘도 성령께서 같이 하셔서
우리의 마음을 주관하여 주시기를 바라옵고
예수님의 이름 받들어 기도하옵나이다.
아멘.

29. 세상의 빛

1993년 11월 28일

요한 8:12~20

예수께서 또 말씀하여 이르시되
나는 세상의 빛이니

특별히 요한복음이라는 이 복음에서는 빛에 대해서 많이 이야기를 하고 있다. 1장에서도 많이 나왔고, 앞으로 9장에 가면 또 빛에 대한 얘기가 나오며, 다른 장에서도 빛에 대해 많이 언급하고 있다. 1장 4절에는 그의 안에 생명이 있어서 그 생명이 사람들의 빛이었다, 라 되어 있고, 1장 9절, 10절에는 그 말씀이야말로 세상에 와서 모든 사람을 비추는 참빛이었다. 그 빛이 세상에 와 있었고, 세상은 또한 그에 의하여 지음을 받았지만,

세상이 그를 알아보지 못하였다, 라고 되어 있다.

그래서 언제나 요한복음은 이 세상을 어둠이라고 보고 하늘나라를 빛이라고 보아서 어둠과 빛의 싸움이라는, 그런 하나의 문학적인 구성으로 되어 있다. 그래서 단테는 『신곡神曲』에서 「지옥편」을 쓰고, 「연옥편」을 쓰고, 「천국편」을 썼는데, 「천국편」은 전부 빛으로 그렸다. 아무래도 하늘 그러면, 빛이라고 하는 것을 연상하지 않을 수가 없다. 그래서 자꾸 빛이라는 말이 나오는데 요전에 말했던 그리스도라는 말도 같은 말이다. 빛이나 그리스도나 같은 말이라고 보아도 좋다.

빛이라는 말은 쉽게 말하면 태양이라는 말이다. 태양이 곧 빛 덩어리 아니겠는가. 그러니까 '나는 빛이다' 라는 말은 '나는 태양이다' 라는 소리이다. 태양이란 무엇인가 하면 모든 만물의 근원이다. 소위 존재의 근원인 것이다. 그리고 또 태양이 없으면 우리는 아무것도 볼 수가 없다. 그러므로 인식의 근원인 것이다. 그러니까 존재의 근원, 인식의 근원이 태양이다. 우리가 현실적으로 보면 태양이 되는 것이다. 그런데 차츰차츰 사람의 생각이 깊어져서 이 물질적인 태양보다도 더 높은 태양이 있지 않겠는가라고 생각하게 되고, 그래서 이것을 플라톤이란 사람이 처음으로 선善의 태양이란 말을 쓰게 된다. '선善의 이데아' 란 말이 바로 그것이다.

그런데 기독교에서는 '의義의 태양' 이란 말을 쓰게 된다. 그리고 묵시록 마지막에 가면 해와 달이 없어져야 진짜 빛이 나타난다, 라고 되어 있는데, 그러니까 해와 달이 없어질 때, 그때 진짜 빛, 곧 생명의 빛이 나타나게 되며 그것이 진짜 태양이라는 말이다. 사람이란 자꾸 그렇게 추리를 해나가야 된다. 그래서 나타난 것은 태양인데 그 태양으로부터 더 높은 태양을 생각해 나가는 것이다. 그래서 '선善의 태양'이라든가, '의義의 태양'이란 생각에까지 도달하게 된다. 그러므로 태양이란 것은 모든 만물의 근원, 곧 존재의 근원이요 또한 인식의 근원이 되는 것이다.

모든 만물을 만물이게 하는 것, 모든 만물을 알 수 있게 하는 것으로 이것을 한마디로 '존재存在'라는 말로 쓰는데 있을 존存, 있을 재存라는 말로서 하이데거 같은 사람은 이러한 존재와 만물을 존재자存在者, 그 가운데 사람을 현존재現存在라는 세 계단으로 나누어 말하였다. 하나님은 '존재'이고, 만물은 '존재자'이고, 사람은 '현존재'라는 세 계단으로 나눈 것이다. 이것이 소위 동양으로 말하면 천지인天地人의 삼재三才가 된다. 하늘은 존재이고, 땅은 존재자이고, 사람은 현존재이다. 여기에서 소위 하이데거의 존재론存在論이라는 책이 나오게 된다.

그러므로 여기에서 말하는 빛이라는 것은 태양 혹은 존재라고 생각하면 된다. 존재라고 하는 것은 무엇인가 하면, 나를 나타나게 하는 것, 그것이 존재다. 그래서 우리가 그것을 하나님,

그렇게 쓸 수도 있지마는 또 기독교에서는 그리스도가 존재가 되기도 하는데, 그리스도가 우리 기독교의 존재의 근원이요, 동시에 인식의 근원이 되는 것이다.

그러니까 무엇이든지 자기 존재의 근원이 되는 것을 말할 수 있는데, 플라톤은 소크라테스가 자기 존재의 근원이다, 라고 했다. 왜 그런 말을 하는가 하면 플라톤이, 플라톤이 되는 이유는 소크라테스에 있기 때문이다. 그러니까 소크라테스가 플라톤의 존재가 되는 것이다. 우리가 그런 말을 알게 되면 틸리히 같은 사람이 말한 "궁극적인 실재" 즉 내가 결국 내가 된 원인을 찾아보면 누구 때문인가를 생각하게 되는 것이다. 그 누구 때문에 내가 되었다, 라는 생각이 들게 되면, 그 누구도 나에게는 하나의 존재가 되는 것이다.

나는 밤낮 유영모 선생 때문에 내가 되었다라고 말하는데 그렇게 되면 유영모 선생은 나에게 있어서 존재가 되는 것이다. 그렇게 생각하면 나는 아버지 때문에 내가 됐다고 하면 아버지가 나에게 있어서 존재가 되고, 또 세종대왕 때문에 내가 됐다, 라고 하면 세종대왕이 나의 존재가 된다.

옛날에는 군사부君師父, 즉 임금, 스승 그리고 아버지, 이것을 삼강三綱이라고 했는데, 이것이 존재였다. 임금과 스승, 그리고 아버지 때문에 내가 있게 되었다, 라고 생각하는 것이다. 그것이 기독교에서는 그리스도이다. 그리스도가 존재이다. 그리스도가 나를 살게 해주시는 분이란 말이다. 그래서 그리스도를 기독교에서는 구세주라고 하는데, 구세주라는 말이 바로 나를 나되게 하여 주는 사람이란 말이다. 그러니까 요전에 말한 대로 그리스도라는 말이나, 존재라는 말이나, 빛이라는 말이나 같이 해석하면 된다. 그래서 "나는 세상의 빛이다" 그러면 '나는 선생이다' 라고 해석하면 된다.

선생이란 사람이, 세상의 빛이기 때문이다. 불교에서는 부처다, 라고 하는데 부처라는 것이 무엇인가 하면 빛이란 말이다. 그런데 "나는 세상의 빛이다"라는 말을, '예수가 세상의 빛이다' 라고 생각할 수도 있고, '하나님이 세상의 빛이다' 라고 생각할 수도 있고, 또 '너희들은 세상의 빛이다' 라고 생각할 수도 있다.

마태복음 5장 14절에 보면 "너희들은 세상의 빛이라"는 말이 나온다. 예수님께서 제자들을 보고 한 말이다. 너희들도 이제부터는 선생이다, 라는 말이다. 내가 지금까지 너희들을 가르쳤는데 이제부터 세상에 나아가 선생이 되어야 하지 않겠느냐. 선생이 되면 너희들도 세상의 빛이 아니겠느냐, 그런 말이다. 선생이 곧 빛이다. 왜냐하면 그 방면에 대해서는 다 아는 사람이기 때문이다. 양명학에서 말하는 양지良知란 말이다. 또한 전문가란 말이다. 영어선생은 영어하는 분야에서의 빛이다. 그러니까 무엇에든지 적용할 수 있는데, 농사전문가는 농사꾼의 빛이다.

그래서 빛이란 말을 얼마든지 확대해서 쓸 수도 있고, 좁게도 쓸 수 있고, 크게 쓸 수도 있고, 작게 쓸 수도 있다. 크게 말하면 하나님이 우주를 창조했다, 라고 하면 하나님이 빛이고, 또 그리스도가 세상을 구원했다, 라고 하면 그리스도가 빛이고, 또 제자들도 어떤 동네에 가서 그 동네 사람들을 깨우치면 또한 빛이 되는 것이다. 그래서 빛이란 말은, 무엇이든지 세상을 밝히는 사람은 다 빛이다, 라고 말할 수 있다.

나를 따르는 자는 어둠에 다니지 아니하고
생명의 빛을 얻으리라.

여기서 "생명의 빛"이란 사람이 살아가는데 필요한 이치를 알 수 있게 되는 것을 말한다. 사람이 살아가는 데에는 반드시 어떠한 이치를 가지고 살아가야 한다. 이치라고 해도 좋고 법이라고 해도 좋다. 또 빛이라고 해도 좋다.

바리새인들이 이르되
네가 너를 위하여 증언하니
네 증언은 참되지 아니하도다.

네가 너 자신을 선생이라고 그러하니 너는 가짜란 말이다.

예수께서 대답하여 이르시되

내가 나를 위하여 증언하여도 내 증언이 참되니,

내가 나 자신을 선생이라고 하지만 나는 진짜로 선생이 맞다, 란 말이다.

나는 내가 어디서 오며
어디로 가는 것을 알거니와,

나는 인생의 근원과 목적을 알고 있다, 란 말이다. 세상에는 인생의 의미와 목적을 모르고 사는 사람이 많다. 그러나 나는 그것을 확실히 알고 있다, 란 말이다.

너희는 내가 어디서 오며
어디로 가는 것을 알지 못하느니라.

요전에도 나왔듯이 나는 하늘에서 왔다가 하늘로 간다는 말이다. 예수는 자기가 온 데와 갈 데를 확실히 안 사람이었다. 그렇게 되려면 거기에는 반드시 죽음을 넘어서야 한다는 문제가 나오게 된다. 그러니까 '간다' 라고 하면 죽은 후에 '간다' 란 말이다. 다시 말해 왕생往生이다. 또 오는 것은 나기 전에 오는 것이다. 그래서 서산西山대사가 말하기를 팔십년전거시아八十年前渠是我요, 팔십년후거시아八十年後渠是我라고 말했는데, 팔십년 전에 나, 그것이 진짜 나이고, 팔십년 후의 나, 그것이 진짜 나이다, 란 말이다. 그러니까 생전生前의 나가 진짜 나이고, 사후死後의 나가 진짜 나이다, 란 말이다. 그런 말이 용납되어야 한다.

그런데 팔십 평생, 그것이 인생의 전부다, 라고 생각하는 사람은 오는 데도 없고, 가는 데도 없는 것이다. 그렇게 되면 인생의 목적도 없고, 의미도 없다. 그러니까 우리가 나기 전의 나, 그리고 죽은 후의 나, 그 나를 알 때 우리가 영생永生이라고 그러지 그것을 모르면 영생이라고 할 것도 없다. 내가 나기 전에 어디서 왔으며 죽은 후에는 어디로 간다. 다시 말해 생전生前, 사후死後, 그것을 아는 사람, 그것을 빛이라고 하는 것이다. 그것을 모르면 빛이라고 할 것도 없다.

칸트는 이렇게 말했다. 인간의 본질은 자유다. 그런데 이 자유라고 하는 것은 사람이 육체를 쓰고 있는 동안에는 자유라고 할 수 없다. 그러니까 사람은 반드시 이 육체를 벗고서 살아야 한다. 그래서 사람에게는 영생이라고 하는 것이 어쩔 수 없이 요청이 되는 것이다. 이것이 칸트의 '요청설'이란 것이다.

사람의 본질이라고 하는 것을 자유라고 하는 것으로 보기 때문에 이 자유를 달성하기 위해서는 이 육체 가지고는 부자유스럽다. 그러니까 이 육체를 벗고서 사람이 더 자유스러운 몸을 가져야 된다. 기독교에서는 이 자유스런 몸을 영체靈體라고 하는데, 고린도 후서 5장에 보면 이 육체라고 하는 장막이 무너지면 하나님께서 영체라고 하는 새로운 옷을 덧입혀 주실 것이다, 라고 되어 있는데 이러한 능력을 알게 되어야 빛이라고 할 수 있지 그것을 모르면 빛이라고 할 수가 없다.

우리가 나라고 하는 것이 무엇인가라고 할 때 육체가 내가 아니다. 이것이 전제가 되어야 한다. 육체란 무엇인가. 이것은 옷 한 벌이다. 우리가 죽어서 무덤에 가져다 묻는 것은, 이 옷 한 벌을 묻는 것이지 내가 들어가 묻히는 것이 아니다. 소크라테스가 말하길, 너희는 나를 묻는다고 생각하지만 나를 묻는 것이 아니라 너희 자신을 묻고 있다. 나는 절대 땅에 묻힐 사람이 아니다. 이것이 소크라테스의 영혼불멸설이란 것이다. 영혼은 불멸하다. 땅속에 묻히는 것은 육체이지 영혼은 불멸한 것이다. 이렇게 확신이 서야 빛이라고 할 수 있지 그러한 확신 없이는 빛이라고 할 수 없다.

그래서 유영모 선생께서는 "인생은 죽음으로부터"라고 했는데, 죽기 전에는 인생이 아니란 말이다. 죽은 후가 진짜 인생이란 말이다. 아까 서산대사가 말한 팔십년전거시아八十年前渠是我요, 팔십년후거시아八十年後渠是我란 말과 똑같은 말이다. 나기 전, 그것이 진짜 인생이고, 죽은 후, 그것이 진짜 인생이다. 지금 있는 것, 그것은 인생도 아니다. 그것은 죄인이고 번뇌일 뿐이다.

이런 생각에 도달하려면 우리의 보통 이성으로는 되지 않는다. 이성을 넘어선 어떤 것, 그것을 우리가 영성이라고 하는데, 영성을 가져야 이런 말을 할 수 있는 것이다. 주자 같은 사람은 인간은 무엇인가. 허령지각虛靈知覺이다, 라고 했다. 인간은 영靈이고, 인간은 각覺이다. 그러니까 영이고 각이 되어야 그것이 진짜 나이지, 육肉이고 지知가 되면 그것은 나라고 할 수 없다, 란 말이다. 그렇게 되어야 일도출생사一道出生死이다. 생사를 벗어날 수 있다. 그래야 일체무애인一切無碍人이다. 아무것에도 걸림이 없는 나, 자유로운 나가 되는 것이다. 그렇게 되어야 그런 말을 할 수 있지 그렇지 않고는 그런 말을 할 수가 없다.

예수가 위대하다고 하는 것은 이런 말을 하니까 위대하다고 하는 것이지 이런 말을 하지 않고 우리처럼 평범한 말을 한다면 위대하다고 할 것도 없다. 났다 죽는 것이다, 라고 생각하는 사람이라면 예수가 아니다. 예수는 그것을 벗어난 사람이다. 생전生前, 그것이 나이고, 사후死後, 그것이 나이다, 라고 생각한 사람이란 말이다.

예수에게는 이 세상이라고 하는 것은 무엇인가 하면 부득이 이 세상에 사명을 다하기 위해 온 것이지, 이 세상에서 사는 것이 전부가 아니다, 라고 생각한 사람이다. 그러니까 예수는 서른세 살의 이른 나이에 죽었지만 조금도 일찍 죽었다는 생각이 들지 않는다. 왔다 간 사람이니까, 났다 죽는 사람과는 다른 것이다. 그래서 일찍 죽고, 늦게 죽고가 문제가 되지 않는다.

우리는 팔십까지 살고도 더 살았으면 하고 생각하지만 예수는 서른셋에 죽었지만 일찍 죽었다는 생각조차 들지 않는 것이다. 예수는 서른셋의 인생을 살았지만 꽉 찬 인생을 산 것이다. 그러니까 예수는 시간을 초월해 산 사람이다. 이런 말들은 시간을 초월한 사람들이 하는 말이지 우리처럼 시간에 묶여 사는 사람들의 말과는 다르다. 그런 의미에서 예수는 빛이다.

너희는 육체를 따라 판단하나
나는 아무도 판단하지 아니하노라.

예수는 육을 초월한 사람이니까 육의 문제에 대해서는 아무런 재판을 하지 않는다.

만일 내가 판단하여도 내 판단이 참되니
이는 내가 혼자 있는 것이 아니요,
나를 보내신 이가 나와 함께 계심이라.

참되다는 것은 육체에 갇혀 있지 않은 사람만이 참되다고 할 수 있고, 그런 사람만이 참된 재판을 할 수 있다. 그리고 또 예수는 언제나 임마누엘이다. 언제나 하나님과 같이 있지 자기 혼자 있는 것이 아니기 때문이다. 하나님과 언제나 같이 있다는 느낌, 그것이 믿음이라는 것이다.

너희 율법에도 두 사람의 증언이 참되다 기록되었으니

내가 나를 위하여 증언하는 자가 되고
나를 보내신 아버지도 나를 위하여 증언하시느니라.
이에 그들이 묻되 네 아버지가 어디 있느냐.

그 사람들은 예수께서 말씀하시는 아버지를 요셉으로만 알지 하나님이란 것은 조금도 생각지 못한다.

예수께서 대답하시되
너희는 나를 알지 못하고
내 아버지도 알지 못하는도다.
나를 알았더라면 내 아버지도 알았으리라.

여기에 예수가 하나님을 아버지라고 말하고 있다. 이것이 예수의 특징이다. 하나님을 아버지라고 부른 사람은 예수가 처음이었다.

이 말씀은 성전에서 가르치실 때에
헌금함 앞에서 하셨으나 잡는 사람이 없으니
이는 그의 때가 아직 이르지 아니 하였음이러라.

요전에도 말했지만 그의 때는 아직도 반 년이 남아 있다. 이 때는 가을이고, 죽는 것은 다음해 봄이 된다.

오늘 배운 구절에는 아버지라는 말이 여러 번 나오는데 가만히 생각해 보면 이 아버지란 말하고 언제나 일하고 관련이 된다. 아버지께서 일하시니 나도 일한다는 말이 요한복음 5장 17절에 나오는데, 아버지와 내가 언제나 같이 일하고, 같이 있는 것이다. 아버지는 밭에 나가 일하고, 나는 집안에서 노는 것이 아니다. 아버지와 언제나 같이 나가서 일하고, 또 언제나 같이 있는 것이다. 이런 것을 우리가 주의 깊게 생각해 보아야 한다. 우리가 일을 할 때 '아버지와 같이' 라는 생각을 하게 되지, 일이라는 것이 없으면 그런 생각이 들 수가 없다.

요한복음 5장 20절에는 아버지께서 아들을 사랑하사 자기의 행하시는 것을 다 아들에게 보이시고, 라는 말이 나오는데, 아버지께서 행하시는 것을 보고 아들도 그와 같이 행한다, 는 말이다. 그러니까 아버지가 밭 가는 것을 가만히 보고 있다가 나도 그대로 밭을 간다는 말이다.

또 요한복음 10장 38절에 보면, 내가 행하거든 나를 믿지 아니할지라도 그 일은 믿으라. 그러면 너희가 아버지께서 내 안에 계시고, 내가 아버지 안에 있음을 깨달아 알리라, 라고 되어 있는데 여기에 '일' 이라고 하는 것 속에 아버지와 내가 하나가 되어 있다. 이것이 굉장히 중요하다. 이 일이라고 하는 것 없이는 아무것도 이루어질 수 없다. 천국이 어디에 있는가라고 할 때 일 속에 있다, 라 생각할 수 있다.

그러니까 우리는 일하는 재미로 사는 것이지 할 일이 없다면 무슨 재미로 우리가 살겠는가. 이 세상에는 너무 많은 일 때문에 고단해져서 놀고 싶어하는 사람들도 많다. 그런데 또 놀기만 하는 것처럼 안타까운 것도 없다. 또한 계속해서 놀기만 한다는 것도 어려운 일이다. 하다못해 장기를 두든지, 화투라도 쳐야지 아무것도 안 한다는 것은 있을 수 없다. 사람도 동물이니까 자꾸 움직여야지 식물처럼 가만히 있게 되면 식물인간이 되고 만다. 그렇게 되면 견딜 수 없게 된다. 그러므로 사람은 자꾸 움직이게 되어야 하고, 일 속에서 기쁨을 찾아야지 일 없이는 어디에서도 기쁨을 찾을 수가 없게 된다. 사람에게는 일처럼 중요한 것이 없다.

그래서 일이라고 하는 것이 노동이 되지 말고 창조가 되어야 한다. 헤겔은 처음으로 노동과 일을 구분한 사람이다. 일이라고 하는 것은 언제나 창조적인 것이지 노동과는 다르다는 것이다. 그러니까 사람이 무엇을 창조해 나갈 때, 그때 사람은 정말 신이 나는 것이고 시간을 초월하게 되지, 노동을 하게 되면 시간을 초월하기는커녕 시간에 붙잡혀 살게 된다.

시간에 붙잡혀 살면 인생이 지루하기 짝이 없게 된다. 회사에서 노동하는 사람은 퇴근 시간만 기다리는 것이다. 퇴근 전 5분이란 시간이 그렇게 길게 느껴질 수가 없다. 그래서 사르트르는 시간이 돌아가지 않는 것이 지옥이다, 라고 했다. 노동의 세계라고 하는 것이 바로 돌아가지 않는 시간의 세계이다. 지옥이 따로 없다. 그러나 일이라고 하는 것은 그것과 다르다. 시계를 볼 사이가 없게 된다. 일이라고 하는 것은 자기의 창조적인 활동이니까 시간이 가는지 안 가는지를 모르게 된다.

일본에서 최초로 노벨 물리학상을 받은 과학자인 유카와[1]라는 사람은 그 당시 일본과 러시아와의 전쟁이 일어나서 2년 동안이나 계속된 일로전쟁이 벌어진 것도 모르고 지냈다고 한다. 믿어지지 않는 사실이지만 온 국가가 전쟁으로 시끌벅적 했지만 이 과학자는 조금도 그 사실을 모르고 지낸 것이다.

일본에 아인슈타인이 방문하여 강연을 할 때 3백 여명의 일본 과학자들이 강연을 들었는데 그 내용을 이해한 사람이 유카와 단 한 사람이었다는 일화도 있는데 하여튼 이 사람은 일로전쟁이 일어난 것도 모를 정도로 자기 연구에 몰입해 있었다고 한다. 자기 연구에 열중하다가 보니 시간이 오는지 가는지도 모르고 지낸 것이다. 그런 것을 일이라고 한다.

하나님이 일하시니 나도 일한다, 라고 하는데, 하나님은 시간이라고 하는 것을 넘어선 분이고, 또 예수도 시간이라고 하는 것을 넘어선 분이다. 우리가 시간을 계산하니까 예수의 생애가 33년이지, 예수에게는 33년이란 것이 없다. 영원이 있을 뿐이다. 그래서 일 속에서 찾는다는 것, 그것이 굉장히 중요하다.

그리고 요한복음 5장 30절에 보면 나를 보내신 아버지의 원대로, 라는 말이 나오는데 이것은 하나님께서 나를 일하러 보냈

1. 유카와 히데키(湯川秀樹, 1907~1981)

다는 내용이다. 또 마태복음 11장 25절에 보면 "천지의 주재이신 아버지여"라는 말이 나오고, 마가복음 14장 36절에는 "아바 아버지여"라는 말이 나오는데 유대말로 아바아버지는 가장 친한 사이를 말하는 것이라고 한다. 그러니까 아바아버지는 아버지와 나하고가 하나가 되었다는 말인데 어디서 하나가 되는가 하면 일 속에서 하나가 되는 것이다.

요한복음 12장 28절에 보면 하나님과 예수가 서로 말하는 장면이 나오는데 하늘에서 소리가 났다는 말이 나온다. 소크라테스도 밤낮 다이몬 즉 신하고 말한다는 얘기가 자꾸 나오는데, 이 성경에도 하나님과 말한다는, 그런 말이 나오는 데가 있다. 하여튼 이 일이라는 것을 통해서 아버지하고 아들하고가 하나가 되는 그런 세계, 그런 경험을 갖게 되어야 그것이 신앙이라고 할 수 있다. 그래서 루터 같은 사람은 직업이라는 것을 콜링(Calling)이라고 했다. 하나님께로부터 부르심을 받았다는 것도 콜링이라고 한다.

그래서 이 신앙이라고 하는 것은 일 속에서 찾아야지 일을 떠나서는 신앙이라는 것이 있을 수 없다는 것이 루터의 생각이다. 이러한 루터의 사상을 철학화한 사람이 칸트다. 칸트라고 하는 사람은 신앙은 어디에 있나, 일에 신앙이 있다, 라고 했다. 내가 하고 있는 일이 아버지의 뜻을 실현한다고 하는, 이런 생각 없이는 신앙이라고 할 수가 없다. 칸트는 교회 다니는 것,

그것을 신앙이라고 할 수 없다, 라고 했다. 그러니까 자기가 하는 일이 아버지의 뜻을 이룬다고 하는, 아버지의 뜻이 하늘에서 이룬 것처럼 땅에서도 이루어진다고 하는, 그런 사명의식 없이는 일이라고 할 수 없다, 란 말이다. 그것이 소위 칸트의 신앙에 대한 이해이다.

일이라고 하는 것은, 예수님도 그랬듯이, 아버지하고 나하고가 하나 되는 것으로서, 어디에서 하나가 되는가 하면 일 속에서 하나 되는 것이다. 그래서 내 일이 무슨 일을 하든지 역시 천직天職이 되어야지, 목사 하는 것은 거룩한 일이고, 농사짓는 일은 천한 일이다, 라고 생각하면 안 된다. 그러니까 무슨 일을 하든지, 그것이 하나님의 일이다, 라고 모두가 받아들일 때 사회의 모든 문제가 해결될 수 있는 것이다.

그렇게 되지 못하면, 예를 들어, 대학 못 가면 그것은 사람도 아니다, 그렇게 되면 안 된다. 대학 가는 사람은 학자가 되려고 가는 것이고, 빵을 굽는 사람은 대학 가지 않아도 빵을 구울 수 있으니까 대학을 갈 필요가 없는 것이고, 그래서 대학이 문제가 아니라 빵을 굽느냐, 글을 쓰느냐 그것이 문제일 뿐이다. 글을 써서 모든 사람을 행복하게 만들 수도 있는 것이고, 빵을 구워서도 모든 사람을 행복하게 만들 수도 있는 것이고, 그래서 빵을 굽는 것도 하나의 천직天職이 되지, 글을 쓰는 것과 차이가 있을 이유가 하나도 없다.

빵을 굽는 사람은 언제나 빵을 구울 때 하나님의 가치를 느끼는 것이고, 글을 쓰는 사람은 언제나 글을 쓸 때 하나님의 가치를 느끼고, 그렇게 해서 영감에 의해서 맛있는 빵을 굽고, 영감에 의해서 멋있는 도자기를 굽고, 영감에 의해서 글을 근사하게 쓰고, 그렇게 되어야 성령이 충만한 것이 되지, 빵을 구울 때는 될 수 있는 대로 나쁜 재료를 쓰고, 될 수 있는 대로 싸게 만들어 방부제도 많이 넣고, 사람이 먹어서 좋지 않은 빵을 만들어 자기들은 먹지 않고 남에게만 파는, 그런 양심을 가지고 살면 아무리 그 사람이 교회를 열심히 다녀도 아무 쓸데가 없는 것이 되고 만다. 그러니까 교회를 다니느냐 안 다니느냐, 성경을 읽었느냐 안 읽었느냐, 그것이 문제가 되는 것은 아니다.

문제는 그 사람이 하는 일이 과연 천직인가, 하나님하고 같이 일하는 것인가, 그것이 중요한 것이다. 학교에 가서 선생을 한다, 그럴 때에도 이 젊은이들을 정말 내가 깨우쳐 주어야 한다는 의무감에서 가르치는가, 아니면 내가 월급 받기 위해서 하는 것인가, 그것이 문제가 되는 것이다.

그래서 김활란 박사는 언제나 우리 이화대학은 직장이 아닙니다, 이곳은 동산입니다, 라고 했는데 그 말은 이곳은 돈벌이 하는 직장이 아니라 에덴동산을 만드는 곳이라는 것이다. 그래서 그때에는 직원들이 월급에 대해서는 조금도 불평할 수가 없었다. 주는 대로 받아야지 월급에 대해 아무도 말할 수가 없었다. 젊은이들을 깨우치려는 열정이 있다면 돈 받지 않고서라도 와서 가르치라는 것이다. 그것이 이화정신이었다. 지금도 그런 이화정신을 가진 사람이 이화에는 많다. 그런 사람 때문에 이화가 발전하는 것이지, 그렇지 않다면 이화가 될 수 없다.

그래서 누구나 다 몸을 내어놓고 생명을 바쳐가며 일을 해 나가는 것이다. 그렇지 않고 돈벌이다, 라고 생각한다면 그것은 노동이지 일이 아니다. 그래서 일하는 사람과 하나님은 같이 하시는 것이지, 노동하는 사람과는 하나님은 함께 하시지 않는다.

기 도

감사하신 하나님,
한 학기 동안 당신의 품속에서
저희들이 당신의 말씀을
생각할 수 있게 해주신 데 대해서
진심으로 감사를 드립니다.

우리는 이제 이 시간을 끝으로
당분간 방학에 들어갑니다.
하나님께서 저희들과 같이 하셔서
저희들이 어디에 있든지 당신을 더욱 사랑하고
당신의 말씀을 더욱 그리워하면서 살아가는
저희들이 될 수 있도록 도와주시옵소서.

당신께서 저희들의 마음을 깨워 주시고
우리 온 국민이 어려운 일을 당할 때마다
언제나 서로 이해하고 한 몸이 되어서
일심단결 하여 어려운 국난을 이겨낼 수 있는
그런 지혜를 허락하여 주시옵소서.

우리가 어려움을 당할 때
더욱 조국을 사랑하고
우리의 모든 분야의 사람들이 평정을 얻어서
어느 계층이 특별히 어려움을 당하는 그런 일이 없도록
우리의 위정자들을 격려해주시고
지혜를 허락하여 주시옵소서.

우리가 참사랑 하는 마음으로
이 나라를 더욱 굳건한 반석 위에 세울 수 있도록
당신께서 도와주시옵소서.

또 남북의 문제도 하루빨리 해결되어서
우리가 서로 부모형제들을 만나는
그런 시간이 될 수 있도록
정치를 맡은 사람들의 마음이
작은 생각에서 큰 생각으로
바뀌어 갈 수 있도록 당신께서 도와주시옵소서.

모든 것이 우리들의 좁은 소견 때문이며
우리가 서로 칸을 막고 담을 쌓고
서로 미워하고 서로 증오하면서
살고 있는 데에서 비롯됨을
우리 모든 사람이 깨달을 수 있도록
당신께서 도와주시옵소서.

그래서 빨리 우리 조국의 통일이 와서
우리의 고향을 찾아 갈 수 있는
저희들이 될 수 있도록 도와주시옵소서.

우리가 다시 만날 때까지
건강한 몸으로 서로 만날 수 있도록
당신께서 같이 하여 주시옵소서.

예수님 이름 받들어 기도하옵나이다.
아멘.

30. 사람의 뿌리는 하늘

1993년 12월 5일

요한 8:21~29

다시 이르시되 내가 가리니
너희가 나를 찾다가 너희 죄 가운데서 죽겠고
내가 가는 곳에는 너희가 오지 못하리라.

예수께서 죽으면 사람들이 예수를 찾을 것이지만, 물론 예수를 찾을 수도 없을 것이며, 결국 죄의 상태에 계속 머물게 되어 그대로 죽어갈 것이다. 죄에 빠진 사람들은 하늘나라에는 올 수가 없기 때문이다.

유대인들이 이르되
그가 말하기를 내가 가는 곳에는

너희가 오지 못하리라 하니 그가 자결하려는가.

그러니까 유대인들이 예수의 말을 이해하지 못한다는 말이다.

예수께서 이르시되
너희는 아래에서 났고
나는 위에서 났으며,

오늘 말씀의 핵심이 바로 이것이다. 아래에서 났는가, 위에서 왔는가. 그것이 중요하다. 우리가 늘 말하는 우리는 왔다가 가는 것인가, 났다 죽는 것인가. 그 차이이다. 세상에는 왔다가 가는 사람도 있고, 났다가 죽는 사람도 있다. 언제나 왔다가 가는 사람은 하늘에서 난 사람이고, 났다가 죽는 사람은 땅에서 난 사람이다. 그런 차이가 있는 것이다. 그러니까 우리는 왔다가 가야지, 났다가 죽으면 안 된다.

너희는 이 세상에 속하였고
나는 이 세상에 속하지 아니하였느니라.

당신들은 났다가 죽는 사람들이지만 나는 왔다가 가는 사람이다, 란 말이다.

그러므로 내가 너희에게 말하기를

너희가 너희 죄 가운데서 죽으리라 하였노라.
너희가 만일 내가 그인 줄 믿지 아니하면
너희 죄 가운데서 죽으리라.

"내가 그이임을"[1]이란 '내가 왔다가는 사람임을'이란 뜻으로, 당신들은 내가 그런 사람임을 믿지 않고, 났다 죽는 사람으로 알고 있다는 말이다.

여기에 "그이"라는 말이 나오는데 이것을 한문으로 쓰면 거渠라고 쓰는데, 이것은 개천 거渠 자로, 이 자를 '그이'라는 뜻으로 쓴다.

얼마 전 내가 서산대사가 팔십년전거시아八十年前渠是我요, 팔십년후거시아八十年後渠是我라고 말했는데 여기서 쓴 거渠라는 말이 같은 뜻이다. 이 거渠라는 한문이 바로 '본체'라는 의미로 쓰인 말인데 '왔다가는 존재'란 뜻이다. 났다 죽는 것이 '나'라면 왔다 가는 것이 '그이(거渠)'라는 말이다.

동산洞山스님의 글에 보면 처처득봉거處處得逢渠라는 말이 나오는데 '곳곳에서 그이를 만나게 되네'라는 뜻으로, 기독교로 말하면, '여기저기서 그리스도를 만나게 된다', '여기저기서 성령을 만나게 된다', '여기저기서 하나님을 만나게 된다'라는 뜻으로 이해하면 된다. 그런데 그다음 구절에, 거금정시아渠今正是我라 했는데 '그이가 진짜 나이다'란 뜻으로 이런 말이 정말 어

1. 고병려(1987), p. 31 〈내가 그이임을 믿지 아니할 때에는〉.

려운 말이다.

기독교로 말하면 '그리스도가 진짜 나이다' 란 말이다. 갈라디아서 2장 20절에 보면, "내가 그리스도와 함께 십자가에 못 박혔나니, 그런 즉 이제는 내가 산 것이 아니요, 오직 내 안에 그리스도께서 사신 것이라"는 말이 나오는데 역시 같은 말이다. 그리스도가 나이지, 나는 내가 아니란 말이다.

그다음 구절에 보면 아금불시거我今不是渠라고 했는데 '내가, 내가 아니오, 그이가 바로 나이다' 란 말이다. 이것을 알아야 한다. 본체가 나이지 현상이 내가 아니란 말이다. 응수임마회應須恁麽會이다. '진짜 마땅히 이렇게 알아야' 다시 말해서 '이렇게 깨달아야' 방시계진여方是契眞如이다. 방시方是는 '바야흐로' 또는 '비로소' 의 뜻이다. 계契는 '부합된다', '딱 들어맞는다' 는 뜻이다. 진여眞如는 진리라는 말이다. 그러니까 다시 말해서 '정말 이렇게 깨닫게 될 때 비로소 진리를 알았다고 할 수 있다' 란 말이다. 진짜 이치에 맞으려면 언제나 거금정시아渠今正是我이다. '그이가 나다' 라는 것을 깨달아야 한다. 아금불시거我今不是渠이다. '내가, 내가 아니다' 라는 것을 알아야 한다. 내가 진짜 '나' 가 아니다, 란 말이다. 그이가 진짜 '나' 라는 것을 알아야 한다. 이것만 알면 다 된다. 그러면 아무런 문제가 없게 된다. 죽는 것도 아무 문제가 안 된다. 왜냐하면 죽는 것은 진짜 내가 아니기 때문이다. 왔다 가는 것, 그것이 '나' 이지, 났다 죽는 것은 '나'가 아니다. 그것을 알면 죽는 것이 아무런 문제가 안 된다.

이럴 때 부즉불리不卽不離라는 말을 쓴다. 이 말은 '떠나서는 안 되고(불리不離), 그러나 거기에 빠져서도 안 된다(부즉不卽)'란 말이다. 그러니까 현상의 '나'라고 해서 버려서도 안 되고, 그렇다고 현상의 '나'에게 빠져서도 안 된다. 우리가 땅바닥을 딛고 서있으니까 떠나서는 안 되는 것이다(불리不離). 그렇다고 해서 땅바닥에 그냥 붙어 있어서도 안 되는 것이다(부즉不卽). 떠나서도 안 되지만 붙어서도 안 되는 것이다. 마치 우리가 걸음을 걸을 때 두 발을 다 떼어서도 안 되고, 두 발을 다 붙여도 걸을 수 없는 것과 마찬가지다. 이런 것을 부즉불리不卽不離라고 한다. 우리가 육체를 떠나서도 안 된다. 그러나 거기에 빠져서도 안 되는 것이다. 그러니까 '나'라고 하는 것이 형이상形而上의 '나'이지 형이하形而下의 '나'가 아니란 말이다. 이런 것만 확실히 알면, 죽고 살고가 아무런 문제가 안 된다.

칸트 말로 말하면 이것을 '근거'라고 하는데, 이 근거는 언제나 땅속에 묻혀 있기 때문에 절대 보이지 않는다. 이 본체는 형이상이라고 하는 것으로 언제나 땅속에 묻혀 있기 때문에 볼 수가 없다. 그것이 뿌리란 말이다. 나뭇가지, 그것은 내가 아니다. 뿌리가 나이다. 그런데 그 뿌리는 보이질 않는다. 그러나 그 뿌리를 우리는 무시할 수 없다. 이것이 소위 『실천이성비판』에 나오는 칸트의 이야기이다. 보이지는 않지만 무시할 수는 없다는 말이다. 하나님 그러면, 하나님은 절대 보이지는 않는다. 그러나 무시할 수는 없다. 왜냐하면 뿌리이기 때문이다. 그 뿌리가 없으면 우리는 죽는다. 이것이 기독교의 핵심 아니겠는가. 하나님은 보이지는 않지만 무시할 수 없는 것이다.

집 그러면, 집의 기초는 보이질 않는다. 그러나 집의 기초를 무시할 수는 없다. 집의 기초가 없다면 집은 무너져 버리고 만다. 보이지 않기 때문에 알 수는 없다. 너 자신을 알라고 하는데 자신은 알 수 없다. 왜냐하면 자신은 보이지 않기 때문이다. 그렇지만 우리는 할 수 없이 그것을 그대로 인정할 수밖에 없다. 그것이 바로 '믿으라'는 말이다. 그것은 알 수 없지만 그대로 믿고 우리가 무시하면 안 되는 것이다. 그러니까 '그이', 그것이 진짜 나이다. 그러나 그것은 보이지 않는 것이다. 그러니까 사람들은 그것을 자꾸 무시하고 만다. 그러나 그것을 무시하면 안 된다. 왜냐하면 나의 뿌리요 본체이기 때문이다. 보이지는 않지만 무시하면 안 된다는 것, 이것이 중요한 것이다.

국가 그러면, 국가라는 것도 보이지 않는다. 그러나 그것을 무시하면 안 된다. 왜냐하면 국가가 우리의 뿌리이기 때문이다. 우리가 일본에 36년간 나라를 빼앗겼다는 것은 우리의 뿌리를 빼앗긴 것이나 다름없다. 그렇게 되니까 우리가 그냥 풍지박산이 나고 마는 것이다. 그때 다른 나라로 나가서 떠돌다가 죽은 사람이 얼마나 많은지 모른다. 그것이 다 뿌리가 없어서 말라죽은 것이다. 우리가 나라 없이 사는 것은 사는 것이 아니다. 우리가 일제 36년 동안을 살았다고 하지만 그것은 산 것이 아니었다. 그것은 그냥 뿌리 없이 물에 꽂아 놓은 나무와 같이 시들고 만 것이다. 그렇게 뿌리라는 것이 중요한 것이다.

그런데 나라는 보이지 않는다. 그러니까 집단이기주의니 뭐니 하는 것이 자꾸 고개를 쳐들게 된다. 나라는 보이지 않으니까 무시하고 마는 것이다. 그래서 사람들은 길바닥에 나가서 자신들의 이익을 위해 길을 막고 횡포를 부리는 것이다. 사람들은 보이는 것만 보지, 보이지 않는 것은 모르는 것이다. 그러므로 우리는 보이지 않는 나라, 그것을 인정하고 튼튼히 하고 다듬어 나가야만 한다. 그렇게 해서 나라를 살리고 우리의 뿌리를 건강하게 만들어야 한다.

일본에는 미국제품이 잘 팔리지 않는다고 한다. 왜냐하면 미국제품을 팔아 보았댔자 이익을 낼 수 없기 때문이라고 한다. 그것은 일본 정부에서 그렇게 하는 것이 아니라 일본 국민의식 자체가 미국제품은 쓰지 않겠다는 생각에 젖어 있기 때문이다. 우리도 국민들의 생각이 달라져야지, 외국의 호화사치제품을 선호하는 의식을 바꾸지 않고서는 아무리 국산품을 사라고 홍보해도 소용이 없다. 아무리 외국의 사치제품이 많이 들어온다 해도 사지 않으면 문제될 것이 없다. 이러한 운동이 저절로 민간인들 사이에 일어나야지, 외국의 사치품을 사지 말자고 머리띠를 두르고 아무리 입으로 외쳐도 소용없는 것이다. 그래서 어떻게 해야 나라 사랑하는 길인지, 어떻게 나라를 위하여 하나가 될 수 있는지, 그것을 생각해야지 서로 갈라져서 싸우고 있을 때가 아니다.

그리하여 정말 정치인은 정치인대로 무엇이 올바른 정치인지를 생각하여야 하고, 백성은 백성대로 깨어서 정말 나라 위한 길이 무엇인지를 생각할 줄 알아야 한다. 그래서 정치인은 정치의식이 발전되고, 백성들은 민간의식이 발전되어 성숙한 정치인과 성숙한 백성들이 되어 우리의 문제를 우리가 해결할 수 있게 되어야 하는 것이다. 그래서 자치할 수 있는 능력을 길러 나가는 수밖에 길이 없는 것이다. 우리에게 진짜 필요한 것은, 보이지 않는 것이다. 나라는 보이지는 않는 것이다. 그렇지만 진짜 우리에게 중요한 것이 나라이다. 나라는 바로 나이다. 나도 보이지 않는 것이다. 보이지 않는 것이 나이지, 보이는 나가 내가 아니다. 죽지 않는 것이 나이지, 죽는 것은 내가 아니다. 이런 것을 우리가 확실히 믿어야 한다.

그것은 그냥 믿는 수밖에 없다. 그래서 우리가 죽을 때에도 죽는 것은 내가 아니다 하고 죽을 수 있어야 한다. 그래서 진짜 나는 왔다가는 것이지, 땅속에 묻히는 나는 진짜 나가 아니다, 라는 것을 알아야 한다. 그러한 것을 백 번이고 천 번이고 나 자신에게 자꾸 되뇌여서 나를 깨닫게 하는 수밖에 길이 없다.

아무리 해도 믿기 어렵겠지만 그래도 믿을 수밖에 없다. 내 몸뚱이가 나이지 내 마음이나 정신이 내가 될 수 있을까 하고 자꾸 의심이 되겠지만, 그때마다 내 마음이 나이다, 내 정신이 나이다 하고 자꾸 되뇌일 수밖에 길이 없다. 그래서 키르케고르는 말하기를 "인생은 무엇인가, 인생은 정신이다. 정신은 무엇인가, 정신이 나이다. 나는 무엇인가, 나 자신에 관계하는 관계이다"라고 했다. 나 자신에 관계한다는 말은, 나를 떠나면 안 된다는 말이다. 또 하나의 관계란 말은, 그러나 빠지면 안 된다는 말이다. 키르케고르는 그렇게 말했다. 나 자신에 관계하는 관계이다. 그러면 나는 무엇인가. 정신, 그것이 나이다. 민족정신, 그것이 나이다. 국가정신, 그것이 나이다. '정신이 나'라는 사실을 확실히 말한 사람이 키르케고르이다. 그래서 육체가 내가 아니다, 정신이 나이다, 라는 것을 믿을 수 없겠지만 믿어야 하는 것이다.

그렇게 믿을 수 있게 되어야 방시계진여方是契眞如가 되는 것이다. 그렇게 될 때 '진리를 깨달은 사람'이라고 할 수 있지 그것을 믿지 못하면 진리를 아는 사람이라고 할 수가 없다. 그렇게 될 때 아금독자왕我今獨自往이다. 스스로 자치할 수 있는 사람이 되는 것이다. 내 문제는 내가 해결할 수 있게 되는 것이다. 그래서 절기종타멱切忌從他覓이다. 남의 것을 기웃거릴 필요가 없게 되는 것이다. 남의 것을 탐낼 이유가 없게 되는 것이다. 남의 것을 자꾸 탐내다 보면 소소여아소迢迢與我疏가 되고 만다. 내 것이 다 없어지고 만다. 소소迢迢란 자꾸 멀어진다는 말이다. 결국 나하고 자꾸 멀어지고 만다. 남의 것만 자꾸 쫓아다니면 나하고는 자꾸 멀어지고 만다.

그러니까 아금독자왕我今獨自往이다. 내 문제는 내가 해결해야 한다. 그렇게 되면 처처득봉거處處得逢渠이다. 나는 진짜 나가 아니로구나, 라는 것을 알게 된다. 왜냐하면 죽는 것은 진짜 나가 아니기 때문이다. 죽지 않는 것, 그것이 진짜 나이다. 영원한 생명, 그것이 나이다. 죽지 않는 것, 그것이 진짜 나이지 죽는 것, 그것은 진짜 나가 아니다.

그러한 사실이 믿어지지 않겠지만 믿어야만 한다. 응수임마회應須恁麽會, 그렇게 믿어야, 방시계진여方是契眞如이다. 바로 진짜 나를 알았다고 할 수 있다. 그러니까 믿음이란 것이 얼마나 중요한지를 알 수 있다. 물론 합리적으로나 이성적으로 생각해서는 절대 믿어지지 않을 것이다. 죽는 것이 나라고 생각되지, 죽지 않는 것이 나라고는 절대 믿어지지 않을 것이다. 그러나 그것을 우리는 눈을 꼭 감고 믿을 수밖에 없다. 그럴 때 우리가 이성을 넘어설 수 있지, 그렇지 않고서는 이성을 넘어설 수가 없다. 그래서 이성을 넘어선 삶, 그것이 요새 말하는 '실존'이 되는 것이다. 이성을 넘어서서 살아야 실존이 되지, 이성을 넘어서지 못하면 실존이 되지 못한다.

"실존은 언제나 하나님 앞에 서 있다." 키르케고르의 말이다. 이 말은 곧 '실존은 항상 하나님과 함께 산다'는 말이다. 그것이 처처득봉거處處得逢渠이다. 실존은 언제나 처처득봉거處處得逢渠이다. 언제나 하나님을 만나고 사는 것이다. 하나님을 만나게 되면 내가 죽는 것이 아니다, 란 것을 깨닫게 된다. 마치 바울이 그리스도를 만나게 되니까 죽는 것이 아니란 것을 알게 되는 것이나 마찬가지다. 그리스도가 죽은 줄 알았는데 죽은 것이 아니었구나 하고 알게 된 것이다.

돌멩이만 있는 줄 알았는데 별도 있다는 것을 알게 된 것이다. 그런데 별이 될 수 없는 것은 이성 때문이다. 이성때문에 별이 되지 못하는 것이다. 우리의 이성이 살아있을 때까지는 별이 될 수 없다. 그 이성이 깜박하고 사라져야 별이 되는 것이다. 그 이성이 깜박하는 순간을 우리는 진리를 깨달았다고 한다. 그것은 그야말로 깜박하는 순간이다. 도스토예프스키 같은 사람은 그 순간이 5초 정도라고 말했다. 2초도 좋고 1초도 좋지만 그렇게 깜박하는 순간을 가질 때 별이 되는 것이다. 그 순간에 그리스도를 만났다든가 자성自性을 봤다던가 하는 경험을 하게 된다. 그런 순간을 갖게 되면 정말 좋겠지만 그렇다고 해서 확실한 믿음을 갖게 되는 것도 아니다.

그런 후에도 더욱더 믿음을 확실히 갖게 될 때까지 애를 써야 한다. 한 번 보았다 하더라도 바라는 것의 실상이 될 때까지 가야 믿음을 가졌다고 할 수 있다. 그렇다고 누구나 다 볼 수 있는 순간을 갖는 것은 아니다. 정말 그런, 보는 경험을 갖는 사람은 운이 좋은 사람이라고 할 수 있다. 그렇지만 보통은 그런 경험을 갖기가 힘들다. 그래도 믿을 수밖에 없다. 왜냐하면 나는 못 보았다 하더라도 나보다 더 나은 사람은 보았다는 것이 확실하기 때문이다. 나는 못 보았지만 바울은 보았고, 예수도 보았다는 것은 확실하다. 그래서 바울이 본 것과 예수가 본 것을 믿을 수밖에 없는 것이다.

나는 컴퓨터를 못하지만 컴퓨터 잘하는 사람을 믿어야 하고, 나는 영어를 못하지만 영어 잘하는 사람을 믿어야 하는 것과 마찬가지다. 그러니까 나보다 더 잘하는 사람을 믿어야지 내가 모른다고 해서 다 믿을 수 없다고 하면 안 된다. 예수 같은 사람은, 지금 지구의 인구가 몇 십억인데 그 동안 몇 천 년의 인류역사 속에서 뽑힌 사람이라고 할 수 있다. 우리가 4대 성인이라고 일컫는 사람들도 몇 천 년 동안 수천억의 사람들 중에 뽑힌 사람들인 것이다. 그러니까 그런 사람과 내가 같은 사람이라고는 절대 말할 수 없다. 내가 죽었다 깨어나도 그런 사람은 따라갈 수 없다. 그런 사람은 나보다도 백 배, 천 배는 나은 사람이니까 그냥 믿을 수밖에 없다. 그러니까 예수라는 사람은 왔다가 간 사람이란 것을 믿을 수밖에 없다.

나도 죽을 것이라는 것을 알지만 죽는 것은 내가 아니라는 것을 믿어야 하는 것이다. 그래서 내가 죽는 순간에도 눈을 꼭 감고, 이제 죽는 것은 내가 아니다, 라고 생각하면서 죽어야 한다. 왜냐하면 예수께서 왔다가는 것이라고 했기 때문이다. 나도 예수처럼 왔다가는 것이지 죽는 것이 아니다, 라고 믿을 수밖에 없다.

그 예수를 바울이 만났다고 하니까 믿을 수밖에 없다. 모세도 왔다가 간 사람이지 죽은 사람이 아니다. 왜냐하면 성경에 보면 예수께서 베드로와 요한을 데리고 높은 산에 올라갔을 때 그 모습이 변화되고 그 자리에 모세와 엘리야가 예수와 더불어 얘기를 나누었다, 라는 구절이 나오는데 그런 것을 보면 모세도 엘리야도 왔다가 간 사람이란 것을 확실히 알 수 있다. 그래서 예수는 말하기를, 너희들은 부활에 대해서 무엇인가 잘 모르고 있다. 부활이란 왔다가는 것이 부활이지 났다 죽는 것이 아니다 라는 것을 마태복음 22장에 7형제와 같이 산 어느 여자의 부활에 관한 사두개인들의 질문에 대답하는 것에서 나온다. 부활 때에는 시집, 장가도 아니 가고 하늘에 있는 천사와 같이 된다고 말한 것이 바로 그것이다. 그러니까 재생再生이 부활이 아니란 것이다. 또 났다가 죽는 것이 아니라, 부활은 영원히 죽지 않는 생명임을 깨닫는 것이 부활이란 말이다.

그들이 말하되 네가 누구냐.

예수께서 이르시되
나는 처음부터 너희에게 말하여 온 자니라.
내가 너희에게 대하여 말하고 판단할 것이 많으나
나를 보내신 이가 참되시매
내가 그에게 들은 그것을 세상에 말하노라 하시되
그들은 아버지를 가리켜 말씀하신 줄을 깨닫지 못하더라.

예수도 하나님께서 보내었고 또 하나님의 말씀을 듣고 세상에 전한 사람이다. 우리는 하나님의 말씀을 듣지 못한다. 왜냐하면 이성 때문이다. 그러나 소크라테스나 예수는 하나님의 소리를 들었다. 공자도 들은 사람이다. 60에 이순耳順이라고 했다. 60이 되어 하나님의 말씀을 들었다는 말이다. 그러니까 이런 사람들을 성인聖人이라고 한다. 성인이란 사람들은 다 하나님의 말씀을 듣는 사람들이다. 하나님의 말씀을 듣고 세상에 알려 주는 것이다. "그들은 예수께서 그의 아버지(하나님)에 관하여 말씀하심을 이해치 못하였다." 하나님 아버지, 우리의 뿌리, 이러한 것은 절대 보이지 않는 것이다. 그래서 불교에서는 이러한 것을 없을 무無 자로 쓰기도 한다. 보이지 않기 때문이다. 없을 무無를 셋을 써서, 무무무無無無가 되면 없이 할래야 없이 할 수가 없다라는 말이 된다. 뿌리니까 없이 할래야 없이 할 수가 없는 것이다.

조주라는 스님은 무無를 설명하기를, 무무무無無無라고 했다. 없이 할래야 없이 할 수 없는 것, 그것이 무無라는 말이다.

결국 뿌리라는 말이다. 우리의 뿌리를 아는 것, 우리의 뿌리를 찾는 것, 그것이 종교의 핵심이다. 그런데 유교에서는 "사람의 뿌리는 하늘이다"라고 했는데, 그것이 오늘 배우는 구절의 제목이라고 할 수 있다.

예수는 "당신들은 아래에서 났지만, 나는 위에서 왔다"[2]라고 했는데, 그것이 같은 말이다. 본어천자本於天者라는 말이다. 유교에서 늘 말하는 것으로 '위에서 난 자'란 말인데, 사람의 뿌리는 하늘이란 말이다. 사람은 본어천本於天이다. 나무는 본어지本於地이다. 사람은 하늘에서 나고, 나무는 땅에서 난 것이다. 유영모 선생은 머리가운데를 '뿌럭지'라고 했는데, 하늘의 뿌럭지란 말이다. 나무는 땅에 뿌럭지를 박고 있는데 사람은 하늘에 뿌럭지를 박고 있다. 생각한다는 것이 무엇인가 하면 하늘에 뿌리를 박고 있는 것이다. 그래서 자꾸 생각해야 한다. 그래야 더 욱더 뿌럭지를 깊이 내릴 수 있는 것이다.

이에 예수께서 이르시되
너희가 인자를 든 후에
내가 그인 줄을 알고

예수께서 십자가에 달려서 났다 죽고 나서야 비로소 그가 왔다가는 사람임을 알 수 있게 된다는 말이다. 십자가에 달려 죽는 것은 났다 죽는 것이고 왔다가는 것은 '그이'이다.

2. 앞의 책, p. 31

또 내가 스스로 아무것도 하지 아니하고
오직 아버지께서 가르치신 대로
이런 것을 말하는 줄도 알리라.

나는 하나님이 가르쳐 주시는 대로 말하는 사람이란 말이다. 그러니까 하나님과 통한 사람이란 뜻이다. 뿌리를 가진 사람이란 말이다.

나를 보내신 이가 나와 함께 하시도다.
나는 항상 그가 기뻐하시는 일을 행하므로
나를 혼자 두지 아니하셨느니라.

언제나 하나님은 나와 함께 계신다. 그것이 임마누엘이다. 그리고 항상 하나님의 일을 해나가는 것이다. 하나님이 일하시니 나도 일한다는 말이다. 하나님이 기뻐하시는 일을 나는 해나가는 것이다. 이것만 알면 더 알 것이 없다. 앞으로 또 더 배운다 해도 이 말 밖에 더 있겠는가. 백 번, 천 번을 듣는다 해도 다 같은 말이다. 그런데도 안 들리는 것이다. 그래서 예수님께서도 너희는 귀도 없느냐, 너희는 눈도 없느냐 하고 자꾸 말하는 것이다. 아무리 말해주어도 들을 수가 없기 때문이다. 들을 수 있고, 볼 수 있게 되어야 한다.

내가 여러분에게 설교하는 것도 여러분 들으라고 하는 설교가 아니다. 나에게 들리게 하기 위해 나에게 하는 소리이다. 성경 말은 언제나 나보고 하는 소리이지 남에게 하는 소리가 아니다. 하나님의 말씀은 언제나 나에게 하는 소리이지 남에게 하는 소리가 아니다. 설교한다고 하니까 남에게 하는 것 같이 생각되지만 제일 먼저 들어야 하는 사람이 설교하는 사람 자신이다. 그러니까 내가 듣기 위해 설교하는 것이지 남 들으라고 하는 설교가 아니다. 그것을 여러분은 확실히 알아야 한다. 우리의 목적은 남을 아는 데 있는 것이 아니고, 나 자신을 아는 데 있다. 언제나 내가 문제이지 남이 문제가 절대 될 수 없다. 가르치는 것은 언제나 자기를 가르치는 것이지, 남을 가르치는 것은 절대 아니다. 그래서 자기가 무엇인지 그 뿌리를 알아야 한다.

부 록
1

요한복음의 목적

요한복음의 목적은 사람들로 하여금 영원한 생명을 얻게 하는 것이다(요 20:31).

하나님이 세상을 이처럼 사랑하사 독생자를 주셨으니 누구든지 저를 믿으면 멸망하지 않고 영생을 얻는다(요 3:16).

하나님을 알고 그리스도를 아는 것이 영원한 생명이다(요 17:3).

내 말을 듣고 나를 보내신 분을 믿는 사람은 영원한 생명을 얻을 것이다. 그 사람은 심판을 받지 않을 뿐만 아니라 죽음의 세계에서 벗어나 생명의 세계로 들어선다(요 5:24).

나는 부활이요 생명이니 나를 믿는 사람은 죽어도 살고(부활), 살아서 믿는 사람은 영원히 죽지 않을 것(생명)이다(요

11:25).

영원한 생명은 영혼불멸이 아니다. 영혼불멸은 사후에 불멸을 말하지만 영생은 죽어도 살고 살아도 사는 부활과 생명의 삶이다(요 11:25).

내 말을 듣고 하나님을 믿는 사람은 심판도 받지 않고 죽음의 세계에서 벗어난다(요 5:24).

나를 믿는 사람은 살아도 살고, 죽어도 산다. 결국 죽음을 초월한 삶이다. 하나님의 아들은 죽음을 초월한 삶이다. 하나님의 말씀을 받은 사람은 신이다(요 10:35).

신에게는 죽음이 없다. 믿는 사람은 하나님의 힘으로 사는 사람이다. 살아도 하나님의 힘으로 살고, 죽어도 하나님의 힘으로 산다.

영생은 살아도 영생이요, 죽어도 영생이다. 영혼불멸은 죽은 후에 사는 것이지만 영생은 죽기 전에도 살고, 죽은 후에도 사는 것이 영생이다. 요한복음은 그리스도가 생명이라고 한다. 그것은 그를 믿는 사람들에게도 주시는 생명이다.

이 생명은 영원한 생명이다. 이 생명은 우리가 타고난 생명과는 전혀 다른 생명이다. 우리 생명은 땅에서 나온 생명이요, 이 생명은 하늘에서 온 생명이요, 이 생명은 죽기 전에도 주어지고, 죽은 후에도 계속 된다. 그래서 죽어도 살고, 살아도 산다고 한다. 이것이 요한복음이 우리에게 가르치는 내용이다.

바울은 예수가 죽은 것은 우리의 죄를 없이 해주기 위해서 죽었고, 예수가 산 것은 우리의 의를 살리기 위해서 살았다고 한다. 십자가는 우리를 위해서 죽었고, 부활은 우리를 위해서 살았다고 한다. 바울은 내가 그리스도와 같이 십자가에 달려 죽었고, 내가 그리스도와 같이 부활해서 살았다고 한다(갈 2:20). 바울은 죽음을 초월하고 생명을 초월하여 영원생명을 산 사람이다. 바울은 살아도 살았고, 죽어도 살았다.

바울은 하나님의 아들이기 때문이다. 영원한 생명은 하나님의 아들이란 말이다. 믿음으로 사는, 하나님의 힘으로 사는 하나님의 아들이다. 하나님의 아들은 하나님과 같이 영원히 산다.

2010년 8월 22일

후 기

요한복음은 나는 누구인가 하고 묻는다. 그리고 그리스도를 통해서 나는 길이요 진리요 생명이다(요 14:6)라고 대답한다. 공자는 아침에 도를 들으면 저녁에 죽어도 좋다(조문도朝聞道 석사가의夕死可矣)고 하였다. 그래서 많은 사람들이 도(길)를 닦았고 진리를 깨닫고 생명을 얻었다.

요한복음은 우리 동양 사람에게는 생소한 복음이 아니다. 사람들이 도를 찾는 것은 죽음 때문이다. '죽음은 끝이다' 라는 생각이 사람에게 절망을 안겨준다. 복음은 '죽음은 끝이 아니다' 라고 가르친다. 죽음은 시작이다. 인생은 죽음으로부터다.

십자가는 끝이 아니라 시작이다. 밀알 한 알이 땅에 떨어져 죽지 않으면 한 알 그대로 있고, 죽으면 많은 열매를 맺는다(요

12:24). 내가 이제 영광을 드러낼 때가 왔다. 죽음은 끝이 아니라 시작이고 그것은 빛이요 영광이다. 씨를 땅에 뿌리는 것은 하나님의 사랑이다. 씨가 싹이 트는 것이 부활이고, 많은 열매를 맺어 곡간에 거두어 들이는 것이 승천이다.

십자가는 사랑이요, 부활은 믿음이요, 승천은 희망이다. 그래서 바울은 자기도 하나님의 사랑으로 십자가에 달려 죽었고, 그리스도의 믿음으로 부활하였으며 성령의 도움으로 승천을 기다리고 있다고 했다.

십자가는 사랑이고, 부활은 믿음이며, 승천은 기독교의 희망이 되었다. 의인은 하늘나라에서 해와 같이 빛난다(마 13:43). 십자가는 하나님의 사랑이요 빛이고, 부활은 믿음이요 힘이요(롬 1:4), 승천은 희망이요 생명(요 5:26)이다.

나는 진리(빛)요 길(힘)이요 생명(숨)이다(요 14:6). 사람은 누구나 머리로 생각하고, 배로 힘을 얻고, 가슴으로 숨을 쉬는 빛(목目), 힘(구口), 숨(비鼻)이다.

빛, 진리를 깨닫고; 힘, 길(도道)에 통하고; 숨, 생명을 얻기 위해서 십자가를 지고 부활하고 승천하는 것이 그리스도다.

오늘도 모든 그리스도인이 진리를 깨닫기 위하여 십자가를 사랑하고, 도에 통하기 위하여 부활을 체득하고, 생명을 얻기 위하여 승천을 희망하고 있다.

양명은 밥을 먹고 잠을 자고 깨어나는 것이 '도'라고 한다.

배고프면 먹고(도道) 고단하면 자고(생명生命), 해가 뜨면 깨는 것(진리), 이것이 동양 사람들의 평상시도平常是道다. 공자도 오도吾道는 일이관지一以貫之라고 한다.

요한복음은 동양 사람에게 한없이 고마운 기쁜 소식이다.

2010년 8월 4일

부 록
2

제1권 차 례

제3권 차 례

제4권 차 례

제5권 차 례

찾아보기

〈인명〉

〈책, 작품명〉

〈용어〉

빛 힘 숨: 십자가 부활 승천

요한복음 강해 2

김홍호 사상 전집 · 성경강해 1

지은이 | 김홍호
발행인 | 임우식
기획 편집 | 임우식 · 이경희

1판 1쇄 발행 | 2011년 2월 7일
1판 3쇄 발행 | 2019년 8월 30일

발행처 | 사색 출판사
주소 | 서울 중앙우체국 사서함 206호
전화 | 070-8265-9873 팩스 02-6442-9873
홈페이지 | www.hyunjae.org
이메일 | gabeim@hanmail.net
인쇄 | !nDefine

ISBN 978-89-93994-11-7 04080
ISBN 978-89-93994-10-0 (세트)

*이 책은 〈김홍호 사상 전집〉 제9번째로 출판되었습니다.

*이 도서의 국립중앙도서관 출판시도서목록(CIP)은 e-CIP 홈페이지 http://www.nl.go.kr/cip.php에서 이용할 수 있습니다.(CIP제어번호: CIP2010004674)